DIE OFFIZIELLEN

DOWNTON ABBEY
COCKTAILS

VORWORT VON JULIAN FELLOWES

PRESTEL
MÜNCHEN • LONDON • NEW YORK

INHALT

VORWORT

Cocktails sind zwar nicht das Erste, was einem zu *Downton Abbey* einfällt, aber das sollte uns nicht täuschen: Die Crawleys tranken sehr gerne! Robert gönnt sich mit Vorliebe einen Schluck schottischen Whisky, vor und nach dem Dinner werden Sherry und Portwein serviert und auf Partys wird mit Bowle, Punsch, Wein und Champagner angestoßen – nur gemixte Drinks sieht man tatsächlich besonders zu Beginn eher selten. Das liegt daran, dass die amerikanische Gewohnheit, vor dem Dinner Drinks zu reichen, erst Ende des Ersten Weltkriegs in England in Mode kam, somit gibt es auch erst in der zweiten und dritten Staffel erste Hinweise auf Cocktails – etwa als Robert seine Mutter Violet fragt: »Darf ich dich zu einem dieser neuartigen Cocktails überreden?« In der modernen Londoner Oberschicht war es damals bereits üblich, vor dem Dinner Drinks zu sich zu nehmen – und Rose ist mehr als bestrebt, Robert davon zu überzeugen, das auch auf Downton so zu halten. Sie ist genauso wie Edith, die sich oft in London aufhält, mehr als angetan von dieser neuen Art zu trinken. Zur Freude von Rose, aber auch dem Rest der Familie, sieht man Cocktails im Verlauf der Serie dann immer häufiger, und sie werden zu einem wichtigen Bestandteil des Dinners, besonders wenn Gäste empfangen werden. Edith, die moderne Karrierefrau und Wahllondonerin, sieht man besonders oft mit einem Drink in der Hand: in ihrer Londoner Wohnung, in Restaurants, aber auch auf Downton, wo Cocktails zum Ende der Serie hin nicht mehr wegzudenken sind.

Dieses wunderbare Buch enthält die besten Cocktails jener Zeit, zu der *Downton Abbey* spielt – aber das ist noch nicht alles: Mit zahlreichen Anekdoten, Informationen zum Ursprung und der Geschichte der Drinks und Zitaten aus der Serie ist dieses Buch ein absolutes Muss!

JULIAN FELLOWES

LONDON, MAI 2019

"THERE'S NEVER A DULL MOMENT IN THIS HOUSE"

EINLEITUNG

Drinks spielen auf Downton eine wichtige Rolle: Beim Dinner werden mindestens drei verschiedene Weine serviert, die Herren genehmigen sich danach gerne einen Portwein und auf Partys werden Bowle, Punsch und Champagner gereicht – und in späteren Staffeln auch immer wieder Cocktails. Gemixte Drinks werden in der zweiten Staffel zum ersten Mal erwähnt, es dauert aber bis zur letzten Staffel, bis auf Downton zum ersten Mal jemand (genauer gesagt Henry Talbot) einen Cocktail-Shaker schüttelt. Wenn man jedoch genau aufpasst, kann man einen solchen auch schon zuvor auf Partys immer wieder erspähen. Besonders Edith, die in London ein moderneres Leben führt als ihre Schwestern, sieht man immer wieder Champagner, Gin Tonic und andere Cocktails nippen. Und auch die jüngere Rose ist ein Fan von Cocktails, die allerdings vom Rest der Familie lange als viel zu modern angesehen werden.

Cocktails sind eine amerikanische Erfindung, es ist daher wenig verwunderlich, dass vor allem Lady Violet einen regelrechten Kriegszug gegen sie führt. Zu Beginn der Serie wird das Dinner im viktorianischen Stil serviert – und es ist nicht üblich, vor dem Essen Drinks zu reichen. Stattdessen war die halbe Stunde vor dem Dinner damals laut einem Zeitgenossen das »größte Martyrium« für die Gastgeberin, da sie – ohne beruhigenden Cocktail in der Hand! – gespannt abwarten musste, ob das Dinner ein Erfolg sein würde. In der letzten Staffel gibt sich die Gräfinwitwe schließlich geschlagen, und Cocktails werden zu einem absoluten Muss.

Der Wein auf englischen Landsitzen, gegen den auch Violet eindeutig nichts einzuwenden hat, stammte meist aus Frankreich oder Deutschland. Rhein- und Burgunderwein sowie Weine aus dem Bordeaux, vor allem Claret, waren in jedem Weinkeller zu finden. Aber auch Portwein und Likörweine wie Malaga, Madeira und Sherry, Dessertweine wie Sauternes und Spirituosen wie Whisky (ausschließlich schottischer!), Cognac und Armagnac waren beliebt.

Im Dienstbotenbereich war das beliebteste alkoholische Getränk Bier – in früheren Zeiten war es sogar Teil des Lohnes. Und auch in den Pubs, wie etwa in jenem, in dem Mr Bates arbeitet, nachdem ihn seine Ehefrau Vera zwingt, Downton zu verlassen, wurde vornehmlich Bier ausgeschenkt. Höhergestellte Dienstboten tranken zudem Wein, wenn welcher beim herrschaftlichen Dinner übrig blieb, und zu besonderen Anlässen gab es Bowlen oder Punsch. Auf Dorffesten trank man außerdem Ginger Beer und Liköre, die vor allem auf dem Land in vielen Haushalten selbst angesetzt wurden.

Alkohol war aber doch eher etwas Besonders, meist trank man Kaffee, Tee und Wasser. Und auch hier gab es Unterschiede: Die Dienstboten tranken normales, die Herrschaften mit Kohlensäure versetztes Mineralwasser (das auch gerne mit Whiskey gemixt wurde), das als gesund und zudem als sehr viel eleganter galt. Mischgetränke mit Fruchtsirup oder aromatisiertem Essig (Shrub) waren ebenso verbreitet, und besonders beliebt waren erfrischende Limonaden und Orangeaden. Frisch gepresste Säfte gab es hingegen selten – sie galten lange Zeit wie Cocktails als unbritisch.

ANNIE GRAY, *Ernährungshistorikerin*

GLÄSER

MASSEINHEITEN:
1 DASH = 0,08 CL
1 BARLÖFFEL = 0,5 CL

1 DIE BIBLIOTHEK

Gerührte Drinks & After-Dinner-Cocktails

OLD-FASHIONED-GLAS

OLD PAL

ERGIBT **1 COCKTAIL**

In den frühen 1910er-Jahren wurde der Schotte Harry MacElhone vom amerikanischen Eigentümer der New York Bar in Paris als Barkeeper angestellt. Etwa zehn Jahre später kaufte er die Bar und benannte sie in Harry's New York Bar um – die schnell ein wichtiger Anziehungspunkt für amerikanische Auswanderer und internationale Berühmtheiten wurde. MacElhone wird die Kreation zweier Negroni-Varianten zugeschrieben, die es sich zu kosten lohnt. Der in seinem 1922 erschienenen *ABC of Mixing Cocktails* enthaltene Old Pal ist weniger süß als der klassische Negroni und durch den gereiften Whiskey besonders geschmacksintensiv. Die zweite Variante, den Boulevardier, finden Sie auf Seite 28. Am Beispiel dieser Negroni-Varianten wird deutlich, welchen Unterschied kleine Abwandlungen im Hinblick auf dem Geschmack eines Drinks bewirken können.

30 ml Rye Whiskey oder kanadischer Whisky mit hohem Roggengehalt

30 ml trockener Wermut

30 ml Campari

Orangentwist, etwa daumengroß, als Garnitur

Alle Zutaten in ein mit Eis gefülltes Rührglas geben, 20–30 Sekunden rühren, bis das Glas beschlägt, und anschließend in ein mit Eiswürfeln gefülltes Old-Fashioned-Glas seihen. Den Orangentwist über dem Drink zerdrehen und dann als Garnitur ins Glas geben.

GRIGG

Willst du es ihm erzählen, oder soll ich?

CARSON

Sein Name ist Charles Grigg. Wir haben früher einmal zusammen gearbeitet.

GRIGG

Oh, ich bin doch etwas mehr als das, oder, Charlie? Er und ich sind wie Brüder!

CARSON

Nein, wir sind nicht wie Brüder.

– STAFFEL 1, FOLGE 2 –

COCKTAIL-
SCHALE

DIE ZWEI FRÖHLICHEN CHARLIES

ERGIBT **1 COCKTAIL**

Der Die zwei fröhlichen Charlies, eine *Downton Abbey*-inspirierte Variante des Old Pal (siehe Seite 14), ist absolut bühnenreif (auch wenn Mr Carson das wahrscheinlich etwas anders sieht!): Die zwei gereiften Spirituosen sorgen für ein komplexes Geschmackserlebnis, und Campari und Orangenlikör steuern Süße und herrlich zitronige Noten bei. So sind Ihnen Standing Ovations gewiss!

15 ml Rye Whiskey oder kanadischer Whisky mit hohem Roggengehalt

15 ml Cognac

30 ml trockener Wermut

15 ml Orangenlikör

15 ml Campari

Alle Zutaten in ein mit Eis gefülltes Rührglas geben, 20–30 Sekunden rühren, bis das Glas beschlägt, und anschließend in eine gekühlte Cocktailschale oder ein gekühltes Martiniglas seihen.

COCKTAIL-
SCHALE

HANKY PANKY

ERGIBT **1 COCKTAIL**

Dieser Cocktail ist einzigartig: nicht nur aufgrund des Fernets, eines tiefschwarzen italienischen Bitters, sondern auch weil das Rezept von Ada »Coley« Coleman stammt, einer von nur zwei weiblichen Chef-Barkeeperinnen der American Bar im Savoy Hotel in London, die diese Position je innehatten. Sie kreierte ihn zu Beginn des 20. Jahrhunderts für Sir Charles Hawtrey, der sich einen Drink mit »Durchschlagskraft« wünschte. Als er den Cocktail zum ersten Mal probierte, soll er gerufen haben: »Beim Jupiter, das ist ein echter Hanky Panky!«

45 ml Gin
45 ml süßer Wermut
2 Dashes Fernet-Branca
Orangentwist, etwa daumengroß, als Garnitur

Gin, Wermut und Fernet in ein mit Eis gefülltes Rührglas geben, 20–30 Sekunden rühren, bis das Glas beschlägt, und anschließend in eine gekühlte Cocktailschale oder ein gekühltes Martiniglas seihen. Den Orangentwist über dem Drink zerdrehen und dann als Garnitur ins Glas geben.

— ANMERKUNG —

Der Name Hanky Panky ist vermutlich auf einen Nonsensreim zurückzuführen. Derartige Reime waren ein wichtiger Bestandteil der Popkultur der 1920er-Jahre: Außerdem bekannt sind etwa »hotsy-totsy« und »bee's knees« – beides Begriffe, die man verwendete, um etwas außerordentlich Gutes zu beschreiben.

ANMERKUNG

Für noch mehr Raffinesse den Orangentwist über dem Drink zerdrehen und dann zu einer sogenannten Orangenrose zusammenrollen. Diese auf einen Cocktailspieß stecken und dann als Garnitur ins Glas geben.

COCKTAIL-
SCHALE

MARIGOLD

ERGIBT **1 COCKTAIL**

Diese Variante des Hanky Panky (siehe Seite 18), die von Lady Ediths Tochter inspiriert ist, vereint den Pioniergeist der Erfinderin des ursprünglichen Cocktails, Ada Coleman, und die Entschlossenheit Ediths, als selbstbestimmte, moderne Frau zu leben. Der Cocchi Americano sorgt für eine wunderschöne goldene Farbe, und der Lavendelbitter bringt die Kräuternoten von Gin und Fernet in Einklang. Schmeckt nach Kräutergarten im Frühling!

45 ml Gin
45 ml Cocchi Americano
2 Dashes Fernet-Branca
2 Dashes Lavendelbitter
Orangentwist, etwa daumengroß, als Garnitur

Gin, Cocchi Americano, Fernet und Lavendelbitter in ein mit Eis gefülltes Rührglas geben, 20–30 Sekunden rühren, bis das Glas beschlägt, und anschließend in eine gekühlte Cocktailschale oder ein gekühltes Martiniglas seihen. Den Orangentwist über dem Drink zerdrehen und dann als Garnitur ins Glas geben.

EDITH

Es fühlt sich so verwegen an. Mit einem Mann auszugehen! In einem schicken Londoner Restaurant zu speisen und Wein zu trinken! Können Sie sich vorstellen, dass mir etwas Derartiges vor fünf oder zehn Jahren erlaubt worden wäre?

– STAFFEL 4, FOLGE 1 –

MARTINIGLAS

METROPOLE

ERGIBT **1 COCKTAIL**

Das Hotel Metropole, das sich einst an der Ecke 42nd Street und Broadway in New York befand und diesem Drink seinen Namen gab, war bekannt dafür, exzentrische Besucher wie Buchmacher und Kleinkünstler anzulocken. Im Grunde handelt es sich hierbei um eine Variante des besonders im 19. Jahrhundert beliebten Cognac-Martinis – dieser trockene, fast salzige Drink ist perfekt, um in interessanter Gesellschaft einen guten Schluck zu genießen.

45 ml Cognac
45 ml trockener Wermut
2 Dashes Creole Bitters, zum Beispiel Peychaud's Bitters
1 Dash Orangenbitter
2 Kirschen, als Garnitur

Cognac, Wermut, Creole Bitters und Orangenbitter in ein mit Eis gefülltes Rührglas geben, 20–30 Sekunden rühren, bis das Glas beschlägt, und anschließend in ein gekühltes Martiniglas oder eine gekühlte Cocktailschale seihen. Die Kirschen auf einen Cocktailspieß stecken und dann als Garnitur ins Glas geben.

– ANMERKUNG –

Verwendet man statt trockenem süßen Wermut, erhält man einen wärmenden Drink perfekt für lange Winterabende.

COLLINSGLAS

BOSOM CARESSER

ERGIBT **2 COCKTAILS**

Die Cocktails der 1920er-Jahre hatten oft anzügliche Namen. Dazu gehört auch dieser Drink aus dem 1921 erschienenen Buch *The Whole Art of Dining* von Jean Rey, der dazu spitzzüngig anmerkt: »Amerikanische Drinks sind nichts als eine unendliche Vielzahl an Gebräuen und Mixturen . . . von denen die meisten im Land der Yankees unter launigen Namen bekannt sind.« Beim Rezept für den Bosom Caresser (auf Deutsch etwa »Busenstreichler«) ist zu lesen, dass das zwar kein schlechter Name sei, es aber in Großbritannien »undenkbar wäre, einen Cocktail mit einem derartigen Namen zu bestellen«. Abgesehen davon handelt es sich hierbei um einen eleganten, aber doch raffinierten Drink – der perfekt in die wilden Zwanziger passt.

120 ml Weinbrand

120 ml Kaffeesahne (siehe Anmerkung auf Seite 111)

60 ml Curaçao oder anderer Orangenlikör

30 ml Himbeersirup

1 Eigelb

2 Orangentwists, als Garnitur

Weinbrand, Kaffeesahne, Curaçao, Himbeersirup und Eigelb in einen Cocktail-Shaker geben, mit Eiswürfeln auffüllen, 8–10 Sekunden kräftig schütteln und anschließend in zwei mit Eiswürfeln gefüllte Collinsgläser seihen. Über jedem Drink einen Orangentwist zerdrehen und dann als Garnitur ins Glas geben.

— ANMERKUNG —

Das Eigelb sorgt für eine tolle Textur, wenn Sie allerdings lieber kein rohes Ei verwenden möchten, kann man es auch einfach weglassen.

MARTINIGLAS

LONDON COCKTAIL

ERGIBT **1 COCKTAIL**

Dieser von Natur aus aufregende Cocktail erhält durch Gin und Absinth, der 1914 in Frankreich verboten wurde (genauso wie in vielen anderen Ländern zu dieser Zeit), eine leicht gefährliche Note. Absinth war in Frankreich zu diesem Zeitpunkt das, was Gin im England des 17. Jahrhunderts war: Er war leicht verfügbar, oft von minderer Qualität, hochprozentig, hauptsächlich ein Getränk für Arme und als Ursache für alle möglichen Übel von Epilepsie bis hin zu Mord verschrien. Absinth war wie Gin ursprünglich ein medizinisches Getränk (Gin wurde nachgesagt, ein Heilmittel gegen die Pest zu sein, Absinth wurde zur Malaria-Vorbeugung getrunken) und erfreute sich zur Kriegszeit großer Beliebtheit, da er perfekt war, um billig und schnell betrunken zu werden. In Großbritannien war Absinth, anders als Gin 200 Jahre zuvor, nie verboten, man hätte ihn also in London problemlos bekommen.

½ Barlöffel Orangenbitter
½ Barlöffel Zuckersirup 1:1 (siehe Anmerkung auf Seite 37)
½ Barlöffel Absinth
30 ml Dry Gin

Alle Zutaten in ein Rührglas geben, gut umrühren und dann in einem Martini- oder einem Nick-and-Nora-Glas servieren.

ANMERKUNG

Hierbei handelt es sich um einen kleinen Schluck – perfekt als After-Dinner-Drink. Wenn Ihnen der Sinn nach einem richtigen Cocktail steht, verdoppeln Sie die Mengenangaben!

MARTINIGLAS

SHERRY FLIP

ERGIBT **1 COCKTAIL**

Der seit langem äußerst beliebte Flip wird mit einem ganzen Ei (manchmal auch nur dem Eigelb) zubereitet – so entsteht ein reichhaltiges, stärkendes Getränk, das sehr viel besser schmeckt, als es sich im ersten Moment vielleicht anhört. Für diesen Cocktail eignet sich jeder trockene Sherry, wie etwa Fino, Manzanilla oder Amontillado.

75 ml trockener Sherry

20 ml Zuckersirup 1:1 (siehe Anmerkung auf Seite 37)

1 Ei

gemahlene oder frisch geriebene Muskatnuss, als Garnitur

Sherry, Zuckersirup und Ei in einen Cocktail-Shaker geben, mit Eiswürfeln auffüllen, 8–10 Sekunden kräftig schütteln und anschließend in ein gekühltes Martini- oder Weinglas oder eine gekühlte Cocktailschale seihen. Den fertigen Drink mit etwas Muskat bestreuen.

– ANMERKUNG –

Auch ein etwas süßerer oder kräftigerer Sherry, wie etwa ein Oloroso, eignet sich für diesen Cocktail. Wenn Sie einen sehr süßen oder Cream Sherry verwenden, geben Sie lieber etwas weniger Zuckersirup dazu (oder lassen Sie diesen ganz weg).

MARTINIGLAS

BOULEVARDIER

ERGIBT **1 COCKTAIL**

Wie beim Old Pal (siehe Seite 14) handelt es sich um eine weitere von Harry MacElhone kreierte Negroni-Variante aus seinem 1927 erschienenen Buch *Barflies and Cocktails*. Es ist ein angenehm bitterer Drink – perfekt nach dem Dinner.

30 ml Bourbon
30 ml süßer Wermut
30 ml Campari
Orangentwist, als Garnitur

Alle Zutaten in ein mit Eis gefülltes Rührglas geben, 20–30 Sekunden rühren, bis das Glas beschlägt, und anschließend in ein gekühltes Martiniglas seihen. Den Orangentwist über dem Drink zerdrehen und dann als Garnitur ins Glas geben.

— ANMERKUNG —

Lust auf einen Negroni? Dann statt des Bourbons einfach Gin verwenden! Mit Schaumwein anstelle von Whiskey wird daraus ein fruchtig-leichter Drink – perfekt für laue Sommerabende.

COUPE

JAPANESE COCKTAIL

ERGIBT **1 COCKTAIL**

Dieses Rezept stammt aus der 1887 erschienenen Ausgabe des *Bar-Tenders Guide* von Jerry Thomas. Im Grunde handelt es sich dabei um einen Old Fashioned (siehe Seite 146) serviert in einer Cocktailschale anstatt auf Eis. Und nein, abgesehen von seinem Namen hat dieser Cocktail rein gar nichts Japanisches an sich!

60 ml Cognac
15 ml Orgeat
3 Dashes Angosturabitter
Zitronentwist, als Garnitur

Cognac, Orgeat und Angosturabitter in ein mit Eis gefülltes Rührglas geben, 20–30 Sekunden rühren, bis das Glas beschlägt, und anschließend in eine gekühlte Cocktailschale oder ein gekühltes Martiniglas seihen. Den Zitronentwist über dem Drink zerdrehen und dann als Garnitur ins Glas geben.

KUPFERBECHER

BALTIMORE EGGNOG

ERGIBT **1 COCKTAIL**

Bei diesem köstlichen Eggnogg handelt es sich im Grunde um einen Flip (siehe Seite 27) mit Milch, und er ist besonders einfach zuzubereiten, da er nicht erhitzt wird. Rezepte für den Baltimore Eggnog in ähnlichen Varianten findet man in so gut wie jedem Cocktailbuch der Mitte des 18. Jahrhunderts, wobei meist angegeben wird, dass er im Cocktail-Shaker zubereitet werden sollte. Bei dieser Version aus *The Bar-Tender's Guide* von Jerry Thomas wird das Ei hingegen getrennt, das Eiweiß steif geschlagen und dann unter die Eigelb-Cognac-Mischung gehoben – das sorgt für eine besonders luftig-leichte Textur.

1 Ei, getrennt

1½ Barlöffel Zuckersirup 2:1 (siehe Anmerkung auf Seite 37)

45 ml Cognac oder Jamaika-Rum oder eine Mischung aus beidem

1½ Barlöffel Madeira oder Portwein

120 ml Milch

1 ganze Muskatnuss, zum Garnieren

Das Eiweiß in eine kleine Schüssel geben und steif schlagen.

Eigelb und Zuckersirup in eine zweite Schüssel geben und gut verrühren. Cognac und Madeira dazugeben und umrühren, bis alles gut vermischt ist, dann die Milch dazugeben und gut unterrühren. Schließlich den Eischnee vorsichtig unterheben, den fertigen Eggnog in einen Kupferbecher oder Pokal (Goblet) gießen und etwas Muskat darüberreiben.

– ANMERKUNG –

Der Eischnee sorgt für eine tolle Textur, wenn es schneller gehen soll, kann man aber auch alle Zutaten in einen Shaker geben und kräftig schütteln!

MARTINIGLAS

TUXEDO COCKTAIL № 2

ERGIBT **1 COCKTAIL**

Bei diesem Cocktail handelt es sich im Grunde um einen Dry Martini, verfeinert mit Maraschino und Absinth. Ein Tuxedo muss perfekt sitzen, um wirklich gut auszusehen – genauso wie dieser Drink durch die kleine Abwandlung noch eleganter wird.

45 ml Old Tom Gin
30 ml trockener Wermut
½ Barlöffel Maraschino
¼ Barlöffel Absinth
2 Dashes Orangenbitter
Kirsche und Zitronentwist, als Garnitur

Gin, Wermut, Maraschino, Absinth und Orangenbitter in ein mit Eis gefülltes Rührglas geben, 20–30 Sekunden rühren, bis das Glas beschlägt, und anschließend in ein gekühltes Martiniglas oder eine gekühlte Cocktailschale seihen. Die Kirsche als Garnitur ins Glas geben, den Zitronentwist über dem Drink zerdrehen und dann ebenfalls ins Glas geben.

– ANMERKUNG –

Auch wenn es sich nur um eine geringe Menge handelt – der Absinth macht bei diesem Cocktail den Unterschied! Aber Vorsicht: Zu viel Absinth sorgt dafür, dass der Drink eine deutliche Lakritznote erhält, die die Geschmacksnuancen komplett aus dem Gleichgewicht bringen kann.

ISOBEL

Wir haben Molesley gebeten, Matthews alte Abendanzüge durchzusehen. Er meint, dass er einen passend machen kann!

BRANSON

Das ist sehr freundlich, Ladys! Aber ich halte nichts von dieser Kostümierung! Ich betrachte so was als Uniform der Unterdrückung und ich fühle mich nicht wohl darin.

VIOLET

Sind Sie nun endlich fertig?

BRANSON

Das bin ich!

VIOLET

Sehr gut! Ziehen Sie nun Ihr Jackett aus.

– STAFFEL 3, FOLGE 1 –

MARTINIGLAS

CUTAWAY

ERGIBT **1 COCKTAIL**

Die Tatsache, dass Tom Branson ein Mitglied der Familie Crawley wird, sorgt zu Beginn auf beiden Seiten für Unstimmigkeiten. Und der abgelegte Cutaway von Matthew, der für ihn angepasst wird, ist nur der erste Schritt seiner Einführung in die feine Gesellschaft. Bei dieser Variante des Tuxedo Cocktail No. 2 (siehe Seite 32) wird der Wermut durch Cocchi Americano ersetzt, der für eine herrlich frische, zitronige Note sorgt.

45 ml irischer Whiskey

30 ml Cocchi Americano oder ein anderer Kina-Lillet-ähnlicher Aperitif

½ Barlöffel Maraschino

¼ Barlöffel Absinth

2 Dashes Orangenbitter

Kirsche und Zitronentwist, als Garnitur

Whiskey, Cocchi Americano, Maraschino, Absinth und Orangenbitter in ein mit Eis gefülltes Rührglas geben, 20–30 Sekunden rühren, bis das Glas beschlägt, und anschließend in ein gekühlte Martiniglas oder eine gekühlte Cocktailschale seihen. Die Kirsche als Garnitur ins Glas geben, den Zitronentwist über dem Drink zerdrehen und dann ebenfalls ins Glas geben.

– ANMERKUNG –

Würde Tom Branson diesen Drink zubereiten, würde er ganz sicher darauf achten, Whiskey aus der Republik Irland und nicht aus Nordirland zu verwenden – im Hinblick auf den Geschmack ist aber der milde Blended Whiskey aus beiden Regionen geeignet. Kina Lillet, ein Aperitif auf Weinbasis mit Chinarinde und anderen Kräutern, wurde vom späten 19. bis Mitte des 20. Jahrhunderts in Frankreich hergestellt. Cocchi Americano ist der wohl beste moderne Ersatz, aber auch Salers oder Kina l'Avion d'Or sind geeignet.

MARTINIGLAS

IMPROVED BRANDY COCKTAIL

ERGIBT **1 COCKTAIL**

Ab 1800 findet man Absinth in vielen Cocktailrezepten, vor allem aber in jenen, die als »improved« bezeichnet werden – denn so nannte man Drinks, bei denen zum Abrunden der Basisspirituose Absinth oder Likör dazugegeben wurde. Abgesehen von zahlreichen anderen Kräutern enthält Absinth immer auch Anis, der Drinks ganz ohne Zucker eine süße Note verleiht.

60 ml Cognac

2 Dashes Boker's Bitters oder Angosturabitter

½ Barlöffel Maraschino

1 Barlöffel Gomme-Sirup

⅛ Barlöffel Absinth

Zitronentwist, als Garnitur

Cognac, Boker's Bitters, Maraschino, Gomme-Sirup und Absinth in ein mit Eis gefülltes Rührglas geben, 20–30 Sekunden rühren, bis das Glas beschlägt, und anschließend in ein gekühltes Martiniglas oder eine gekühlte Cocktailschale seihen. Den Zitronentwist über dem Drink zerdrehen und dann als Garnitur ins Glas geben.

– ANMERKUNG –

Bei Gomme-Sirup handelt es sich um Zuckersirup 2:1 (zwei Teile Zucker, ein Teil Wasser), dem Gummi arabicum zugesetzt wurde. Gummi arabicum verhindert dabei als natürlicher Stabilisator, dass der Zucker im Sirup wieder kristallisiert – und sorgt so zudem für ein samtig-weiches Mundgefühl.

COLLINSGLAS

COFFEE COCKTAIL

ERGIBT **1 COCKTAIL**

Dieser Drink, der aus dem 1904 erschienenen Buch *La Cuisine et Pâtisserie Anglaise et Américaine* von Alfred Suzanne stammt, ist After-Dinner-Cocktail und Espresso in einem. Diese cremige Julep-Variante mit Espresso ist außerdem auch perfekt zum Brunch geeignet.

60 ml Espresso, auf Zimmertemperatur abgekühlt

60 ml Weinbrand

60 ml Sahne

1½ Barlöffel Zuckersirup 1:1 (siehe Anmerkung)

6 Barlöffel Crushed Ice

gemahlene oder frisch geriebene Muskatnuss, als Garnitur

Espresso, Weinbrand, Sahne, Zuckersirup und Crushed Ice in einen Cocktail-Shaker geben, 8–10 Sekunden kräftig schütteln und anschließend in ein Collinsglas seihen. Den fertigen Drink mit etwas Muskat bestreuen und mit Strohhalm servieren.

— ANMERKUNG —

Für Zuckersirup 1:1 Zucker und Wasser zu gleichen Teilen in einen Topf geben und unter Rühren erhitzen, bis sich der Zucker aufgelöst hat. Für Zuckersirup 2:1 Zucker und Wasser im Verhältnis 2:1 verwenden. Zuckersirup 1:1 hält sich luftdicht verschlossen 3–4 Tage im Kühlschrank; Zuckersirup 2:1 ist gut verschlossen im Kühlschrank aufbewahrt etwa 4 Monate haltbar.

2

IM GARTEN

Erfrischende Sommerdrinks

ANMERKUNG

Da es keine verpflichtenden Regelungen im Hinblick auf den Zuckergehalt gibt, variiert die Süße von Orangenlikören je nach Hersteller. Probieren Sie den Drink vor dem Servieren und geben Sie wenn nötig noch mehr Likör (oder Zuckersirup 1:1) dazu!

COCKTAIL-SCHALE

SIDECAR

ERGIBT **1 COCKTAIL**

Das ist einer der vielen Cocktails, bei dem Ursprung und Namensbezeichnung umstritten sind: Einige behaupten, er sei im Ritz in Paris kreiert worden, andere schreiben die Erfindung des Sidecar (zu Deutsch »Beiwagen«) einem US-amerikanischen Hauptmann, der im Ersten Weltkrieg in Paris stationiert war, zu, wobei sich der Name auf das Motorradgespann des Soldaten beziehen soll. In alten Rezepten, wie etwa jenem in *Barflies and Cocktails* (1927), werden die drei Zutaten im selben Verhältnis gemixt, was einen ungemein herb-süßen Drink ergibt. Dieses Rezept wird im modernen Verhältnis eines Sours gemixt, aber kosten Sie auch die traditionelle Variante.

Zitronenspalte, für den Zuckerrand

Zucker, für den Zuckerrand

60 ml Weinbrand

20 ml Orangenlikör

20 ml frisch gepresster Zitronensaft

Den Rand einer gekühlten Cocktailschale oder eines gekühlten Martiniglases mit der Zitronenspalte befeuchten und etwas Zucker auf einen kleinen, flachen Teller geben. Das Glas umdrehen und den befeuchteten Rand im Zucker drehen – fertig ist der Zuckerrand.

Weinbrand, Orangenlikör und Zitronensaft in einen Cocktail-Shaker geben, mit Eiswürfeln auffüllen, 8–10 Sekunden kräftig schütteln und anschließend in das vorbereitete Glas seihen.

COCKTAIL-SCHALE

DIE SUFFRAGETTE

ERGIBT **1 COCKTAIL**

Lady Sybil, die fortschrittlichste der Downton-Töchter, schockierte ihre Familie mehr als einmal: etwa mit ihrer Sympathie für die Frauenrechtlerinnen oder ihrem Wunsch, Krankenschwester zu werden. Aber nichts kam so überraschend wie ihre Liebe zu Tom Branson. Diese Abwandlung des Sidecar (siehe Seite 43) ist etwas süßer.

Zitronenspalte, für den Zuckerrand

Zucker, für den Zuckerrand

60 ml Weinbrand

20 ml Schokoladenlikör

20 ml frisch gepresster Zitronensaft

Den Rand einer gekühlten Cocktailschale oder eines gekühlten Martiniglases mit der Zitronenspalte befeuchten und etwas Zucker auf einen kleinen, flachen Teller geben. Das Glas umdrehen und den befeuchteten Rand im Zucker drehen – fertig ist der Zuckerrand.

Weinbrand, Schokoladenlikör und Zitronensaft in einen Cocktail-Shaker geben, mit Eiswürfeln auffüllen, 8–10 Sekunden kräftig schütteln und anschließend in das vorbereitete Glas seihen.

– ANMERKUNG –

Für diesen Drink sollte man unbedingt einen qualitativ hochwertigen Schokoladenlikör verwenden – der sorgt für raffinierte Bitternoten und einen herrlich schokoladigen Geschmack.

BRANSON

Die Wahrheit ist, ich halte es nur so lange in Downton aus, bis Sie mit mir zusammen weglaufen.

SYBIL

Sie machen sich ja lächerlich.

BRANSON

Sie haben Angst, es zuzugeben, aber Sie sind in mich verliebt.

– STAFFEL 2, FOLGE 3 –

COLLINSGLAS

RASPBERRY GIN FIZZ

ERGIBT **1 COCKTAIL**

Der Fizz ist ein erfrischender kohlensäurehaltiger Cocktail (mit Soda- oder Mineralwasser), den es in unterschiedlichsten Varianten gibt, dazu gehören der Ramos Gin Fizz (siehe rechts), der Morning Glory Fizz (siehe Seite 108), der Gin Rickey (siehe Seite 118) und viele mehr. Diese Variante wird mit Himbeersirup, einer beliebten Cocktailzutat des späten 19. Jahrhunderts, verfeinert.

60 ml Old Tom Gin

20 ml frisch gepresster Limettensaft

20 ml Himbeersirup

150–180 ml Sodawasser, gekühlt

Limettenspalte und frische Himbeeren, als Garnitur

Gin, Limettensaft und Himbeersirup in einen Cocktail-Shaker geben, mit Eiswürfeln auffüllen, 8–10 Sekunden kräftig schütteln und dann in ein gekühltes Collinsglas seihen. Mit Sodawasser aufgießen und kurz umrühren, dann das Glas mit Eiswürfeln auffüllen. Den fertigen Drink mit der Limettenspalte und den frischen Himbeeren garniert servieren.

— ANMERKUNG —

Der vor allem im 18. Jahrhundert in England beliebte Old Tom Gin ist eine etwas süßere Gin-Variante. Der Name geht zurück auf die Schilder, die Pubs während des Ginverbots anbrachten, um zu zeigen, dass in diesem Lokal Gin ausgeschenkt wurde. Auf diesen war immer eine schwarze Katze (»old tom«, von »tomcat« = Kater) zu sehen.

WEINGLAS

RAMOS GIN FIZZ

ERGIBT **1 COCKTAIL**

Der Ramos Gin Fizz ist zwar der beliebteste Fizz, aber im Grunde genommen eigentlich gar kein richtiger Fizz, da er im Hinblick auf die klassischen Zutaten, aber auch hinsichtlich der Zubereitung (siehe Raspberry Gin Fizz, Seite 46) vom traditionellen Rezept abweicht. Das Geheimnis dieses Drinks, der im späten 19. Jahrhundert von Henry Ramos, dem Besitzer einer Bar in New Orleans kreiert wurde, besteht darin, ihn mindestens 3 Minuten lang im Shaker zu schütteln – das ist lange, aber nur so erzielt man die charakteristische samtige Textur. Im Grund gilt daher sogar: Je mehr man schüttelt, desto besser!

60 ml Gin

15 ml frisch gepresster Limettensaft

15 ml frisch gepresster Zitronensaft

15 ml Zuckersirup 1:1 (siehe Anmerkung auf Seite 37)

4 Tropfen Orangenblütenwasser

1 Eiweiß

30 ml Kaffeesahne (siehe Anmerkung auf Seite 111)

60 ml Sodawasser

Gin, Limetten- und Zitronensaft, Zuckersirup, Orangenblütenwasser, Eiweiß und Kaffeesahne in einen Cocktail-Shaker geben, mit Eiswürfeln auffüllen und mindestens 3 Minuten kräftig schütteln – oder länger! Den fertigen Drink in ein gekühltes Wein- oder Collinsglas seihen, mit Sodawasser aufgießen und kurz umrühren.

— ANMERKUNG —

Seiht man den Drink doppelt ab, hält also zusätzlich zum Barsieb noch ein Teesieb oder ein feines Spitzsieb über das Glas, wird der Fizz fein sprudelig und erhält eine noch bessere Textur.

MARTINIGLAS

ABBEY

ERGIBT **1 COCKTAIL**

Dieses Rezept, das aus dem *Savoy Cocktail Book* stammt, ist perfekt für Gin-Sorten mit ungewöhnlicheren Kräutern und zitronigen oder blumigen Aromen – aber auch mit einem ganz normalen London Dry Gin kann man nichts falsch machen. Floatet man den Abbey zusätzlich mit Champagner, indem man diesen langsam über den Rücken eines Barlöffels ins Glas gießt, erhält man einen eleganten Drink – perfekt für ein echtes *Downton Abbey*-Dinner.

45 ml Gin
20 ml Cocchi Americano
20 ml frisch gepresster Orangensaft

Alle Zutaten in einen Cocktail-Shaker geben, mit Eiswürfeln auffüllen, 8–10 Sekunden kräftig schütteln und anschließend in ein gekühltes Martiniglas oder eine gekühlte Cocktailschale seihen.

ANMERKUNG

Wie bei allen Cocktails, die mit Orangensaft zubereitet werden, gilt: am besten frisch gepressten (oder 100%igen) Orangensaft verwenden, sonst schmeckt der Drink fad. Tipp: Auch ein Spritzer Zitronensaft wirkt dem entgegen!

ANMERKUNG

Da hier statt Orangensaft Wermut verwendet wird, sollte der Drink gerührt und nicht geschüttelt werden. Grundsätzlich gilt: Bei Zutaten wie Saft, Milch oder Sahne oder Ei wird geschüttelt, ansonsten gerührt. Natürlich gibt es aber auch Ausnahmen, etwa Highballs, die zwar oft Säfte enthalten, aber direkt im Glas zubereitet und damit auch nicht geschüttelt werden – kurz umrühren schadet hier aber auf keinen Fall!

MARTINIGLAS

DOWNTON-ERBE

ERGIBT **1 COCKTAIL**

Der plötzliche Tod von Roberts Erben beim Untergang der *Titanic* sorgt dafür, dass der Rechtsanwalt Matthew Crawley, ein Cousin dritten Grades aus Manchester, in der Erbfolge an die erste Stelle rückt. Leicht abgewandelt wird der Abbey (siehe Seite 48) zu einem eleganten Fifty-Fifty Martini – der richtige Drink für den rechtmäßigen nächsten Earl of Grantham.

45 ml Gin
20 ml Cocchi Americano
20 ml trockener Wermut

Alle Zutaten in ein mit Eis gefülltes Rührglas geben, 20–30 Sekunden rühren, bis das Glas beschlägt, und anschließend in ein gekühltes Martiniglas oder eine gekühlte Cocktailschale seihen.

MATTHEW
Ich habe einen Job in Ripon, ich werde anfangen.

ROBERT
Einen Job? Sie wissen, dass ich vorhabe, Sie an der Leitung des Anwesens zu beteiligen?

MATTHEW
Nur keine Sorge. Der Tag hat viele Stunden, und das Wochenende gibt es ja auch noch!

VIOLET
Ich weiß nicht, was ein Wochenende ist …

– STAFFEL 1, FOLGE 2 –

COLLINSGLAS

SUMMER CUP

ERGIBT **1 COCKTAIL**

Dieser auch Pimm's Cup genannte wunderbar erfrischende Longdrink geht auf eine Kreation des Londoners James Pimm aus den 1820er-Jahren zurück. Ausgehend vom klassischen englischen Fruit Cup, der aus Früchten, Saft, Spirituosen und Zucker besteht, kreierte er ein auf Gin basierendes, mit Fruchtlikören und Kräutern aromatisiertes Tonikum und verkaufte es ab 1959 in seinem Restaurant. Später wurden sechs verschiedene Varianten des Pimm's angeboten, jede mit einer anderen Spirituose: Gin, schottischer Whisky, Weinbrand, Rum, Wodka und Rye Whiskey. Heute ist nur noch die ursprüngliche Gin-Variante erhältlich – die aber auf jeden Fall die Nummer eins ist.

60 ml Pimm's No. 1
120 ml Ginger Ale

Gurkenstreifen und Orangenscheibe (optional), als Garnitur

Pimm's und Ginger Ale in ein mit Eiswürfeln gefülltes Collinsglas geben und gut umrühren. Als Garnitur einen Gurkenstreifen und zusätzlich nach Belieben auch noch eine Orangenscheibe ins Glas geben.

ANMERKUNG

Summer Cups kann man nach Belieben mit verschiedensten Früchten garnieren – sie sollten richtig sommerlich bunt sein! Besonders raffiniert sieht es übrigens aus, wenn man abwechselnd Früchte und Crushed Ice ins Glas schichtet und dann den Pimm's und das Ginger Ale darübergießt.

ANMERKUNG

Das ist der richtige Cocktail, um selbst gemachtes Ginger Beer (siehe Seite 132) oder Improved Ginger Beer (siehe Seite 135) perfekt in Szene zu setzen.

COLLINSGLAS

SOMMER UNTER DEM
SIEGEL DER VERSCHWIEGENHEIT

ERGIBT **1 COCKTAIL**

Verwendet man für den Summer Cup (siehe Seite 52) Ginger Beer anstatt Ginger Ale erhält man diesen aufregenden Drink, der perfekt zu Thomas Barrow passt: Er ist zwiespältig, ziemlich hinterhältig (die Mengenangaben reichen im Prinzip für zwei Cocktails!), aber man kann einfach nicht genug von ihm kriegen.

60 ml Pimm's No. 1

120 ml Ginger Beer

Gurkenstreifen und Orangenscheibe, als Garnitur

2 Dashes Peychaud's Bitters

Pimm's und Ginger Beer in ein mit Eiswürfeln gefülltes Collinsglas geben, gut verrühren und dann den Gurkenstreifen, die Orangenscheibe sowie den Peychaud's Bitters ins Glas geben.

CROWBOROUGH

Ich erinnere mich an diesen Mann. Haben Sie mich nicht bedient, als ich mit Lady Grantham in London speiste?

THOMAS

Das ist richtig, Euer Gnaden.

CROWBOROUGH

Ah, na, großartig! Wir werden gut miteinander auskommen, nicht wahr …?

THOMAS

Thomas, Euer Gnaden.

CROWBOROUGH

Thomas.

– STAFFEL 1, FOLGE 1 –

COLLINSGLAS

GREEN SWIZZLE

ERGIBT **1 COCKTAIL**

Dieser auf das späte 19. Jahrhundert zurückgehende Cocktail stammt ursprünglich aus der Karibik. Seinen Namen verdankt er dem sogenannten Swizzle Stick, einem kleinen Rührstab aus Holz, dessen Stiel im Glas zwischen den Handflächen gedreht wird, wodurch Cocktails wunderbar luftig werden. Wenn Sie keinen Swizzle Stick haben, mit einem Barlöffel kräftig umrühren!

45 ml weißer Rum

20 ml Falernum

20 ml frisch gepresster Limettensaft

1 Barlöffel Absinth

1 Dash Angosturabitter

Rum, Falernum, Limettensaft und Absinth in ein Collinsglas geben, bis zur Hälfte mit Crushed Ice auffüllen und dann mit einem Swizzle Stick aus Holz kräftig umrühren, bis alles gut vermischt ist. Mit Crushed Ice auffüllen und einen Dash Angostura dazugeben – das sorgt für eine tolle rote Farbe! Den fertigen Cocktail mit Strohhalm servieren.

– ANMERKUNG –

Der Angosturabitter sorgt für einen tollen roten Farbtupfer, welche Färbung der Cocktail aber an sich hat, hängt vom verwendeten Absinth ab, der neongrün (mit zugesetzten Farbstoffen) bis braun (natürliche Variante!) sein kann – qualitativ hochwertigen Absinth erkennt man an seiner ins Bernstein übergehenden Farbgebung.

COCKTAIL-
SCHALE

DAIQUIRI

ERGIBT **1 COCKTAIL**

Der nach dem kubanischen Dorf Daiquirí in der Nähe von Santiago de Cuba benannte Daiquiri begann seinen Erfolgszug, nachdem der junge Offizier Lucius W. Johnson das Rezept 1909 dem Army and Navy Club in Washington, D.C. überließ. Heute wird er meist im Cocktail-Shaker gemixt, früher wurde er hingegen direkt in einem Collinsglas zubereitet und nur kurz gerührt. Es spricht aber auch heute – besonders an heißen Tagen – nichts dagegen, den Daiquiri mit reichlich Eiswürfeln im Glas zuzubereiten.

60 ml weißer Rum

20 ml frisch gepresster Limettensaft

20 ml Zuckersirup 1:1 (siehe Anmerkung auf Seite 37)

Limettenscheibe, als Garnitur

Rum, Limettensaft und Zuckersirup in einen Cocktail-Shaker geben, mit Eiswürfeln auffüllen, 8–10 Sekunden kräftig schütteln und anschließend in eine gekühlte Cocktailschale oder ein gekühltes Martiniglas seihen. Als Garnitur die Limettenscheibe auf den Glasrand stecken.

– ANMERKUNG –

Der Daiquiri ist ein Mixgetränk aus der Familie der Sours. Sours sind äußerst beliebt, zu dieser Kategorie von Drinks gehören unter anderem Klassiker wie der Sidecar (siehe Seite 43) sowie der White Lady (siehe Seite 103). Lassen Sie sich nicht davon täuschen, dass hier nur drei Zutaten verwendet werden, dieser Drink ist unglaublich wandelbar: Verwendet man Rum statt Tequila wird daraus eine Margarita – und mit Gin erhält man einen Gimlet!

COCKTAIL-
SCHALE

CLOVER CLUB

ERGIBT **1 COCKTAIL**

Dieser elegante Cocktail mit der charakteristischen Schaumkrone wurde vom Barkeeper George Boldt, dem Besitzer des Bellevue-Stratford Hotel in der South Broad Street in Philadelphia, kreiert. Er ist nach den gleichnamigen Gentlemen's Club benannt, der vom späten 19. bis ins frühe 20. Jahrhundert in diesem Hotel seine Versammlungen abhielt.

30 ml Gin

30 ml trockener Wermut

15 ml frisch gepresster Zitronensaft

15 ml Eiweiß (etwa ½ Eiweiß)

15 ml Himbeersirup

1½ Barlöffel Zuckersirup 1:1 (siehe Anmerkung auf Seite 37)

Alle Zutaten in einen Cocktail-Shaker geben und 10–15 Sekunden kräftig schütteln, bis das Eiweiß schön cremig ist. Den Cocktail-Shaker mit Eiswürfeln auffüllen, nochmals etwa 10 Sekunden kräftig schütteln und den fertigen Drink in eine gekühlte Cocktailschale seihen.

– ANMERKUNG –

Traditionell reichte die Schaumkrone als Garnitur, noch besser schmeckt der Clover Club aber garniert mit einem frischen Minzzweig – diesen zwischen den Handflächen kurz anklatschen, um die aromatischen Öle freizusetzen, und dann ins Glas geben.

OLD-FASHIONED-GLAS

MINT JULEP

ERGIBT **1 COCKTAIL**

Der Mint Julep ist im Grunde ein Whiskey Sling – ein klassischer Drink aus einer Spirituose, Zucker und Wasser – mit Crushed Ice anstatt Wasser, und er wurde bereits gemixt, bevor die Bezeichnung »Cocktail« überhaupt aufkam. Er ist simpel und elegant – und beim Nippen des gesüßten Bourbons steigt einem das erfrischende Minzaroma in die Nase.

20 ml Zuckersirup 1:1
(siehe Anmerkung auf Seite 37)
60 ml Bourbon
3 frische Minzzweige, als Garnitur

Den Zuckersirup in ein mit Crushed Ice gefülltes Old-Fashioned-Glas oder einen Julepbecher geben und gut umrühren. Den Bourbon dazugeben und rühren, bis sich außen am Glas oder Becher eine Eisschicht bildet. Die frischen Minzzweige hineingeben und sofort genießen.

– ANMERKUNG –

Juleps kann man auch mit anderen Spirituosen als Bourbon zubereiten. Das Original enthält Pfirsich-Weinbrand, aber auch Gin, Cognac oder sogar Likörweine wie Sherry und Portwein sind geeignet.

COLLINSGLAS

JOHN COLLINS

ERGIBT **1 COCKTAIL**

Der Legende nach ist diese Cocktail nach einem Kellner namens John Collins benannt, der im Londoner Restaurant Limmer's arbeitete. Erste Rezepte für den John Collins findet man in Cocktailbüchern des späten 19. Jahrhunderts, damals verwendete man meist Whiskey statt Genever.

60 ml Genever

15 ml frisch gepresster Zitronensaft

15 ml Zuckersirup 1:1 (siehe Anmerkung auf Seite 37)

150–180 ml Sodawasser

Zitronenspalte, als Garnitur

Genever, Zitronensaft und Zuckersirup in einen Cocktail-Shaker geben, mit Eiswürfeln auffüllen, 8–10 Sekunden kräftig schütteln und anschließend in ein mit Eiswürfeln gefülltes Collinsglas seihen. Mit Sodawasser aufgießen und kurz umrühren. Als Garnitur die Zitronenspalte auf den Glasrand stecken.

– ANMERKUNG –

Genever ist ein dänischer Vorläufer des Gins und die Basis für britische Gin-Sorten wie Old Tom Gin, London Dry Gin und Plymouth Gin. Er wird traditionell aus einer Mischung aus Kräutern und Wacholderbeeren destilliert und mit Malzwein gesüßt. Geschmacklich erinnert Genever an eine Mischung aus Whiskey und Gin mit herrlich brotig-malzigem Aroma – daher ist es auch nicht weiter verwunderlich, dass in vielen Rezepten Whiskey verwendet wird.

COCKTAIL-SCHALE

DAISY

ERGIBT **1 COCKTAIL**

Daisys waren im späten 19. Jahrhundert äußerst beliebt. Im Grunde handelt es sich dabei um einen Sour aufgegossen mit Mineralwasser – nicht zu verwechseln mit dem Fizz, der deutlich mehr Wasser enthält. Hier sorgt ein Hauch Sprudel dafür, dass der Geschmack perfekt abgerundet wird.

60 ml Cognac

15 ml frisch gepresster Zitronensaft

1 Barlöffel Orangenlikör

1 Barlöffel Gomme-Sirup (siehe Anmerkung auf Seite 36)

etwa 30 ml Mineralwasser

Cognac, Zitronensaft, Orangenlikör und Gomme-Sirup in einen Cocktail-Shaker geben, mit Eiswürfeln auffüllen, 8–10 Sekunden kräftig schütteln und anschließend in eine gekühlte Cocktailschale oder ein gekühltes Martiniglas seihen. Zum Schluss einen Schuss Mineralwasser dazugeben.

– ANMERKUNG –

Ein Barlöffel ist ein absolutes Muss in jeder anständigen Hausbar. Falls Sie (noch) keinen haben: 1 Barlöffel entspricht etwa 1 Teelöffel (oder 5 ml).

COUPE

MASON DAISY

ERGIBT **1 COCKTAIL**

Diese Abwandlung des klassischen Daisy (siehe Seite 63) enthält anstatt Mineralwasser Cider – wie es Mr Mason auf seiner Farm herstellt. Die zwei Spritzer Angosturabitter stehen hierbei für Daisys Schwärmereien für Alfred und Thomas – und runden das leicht scharfe Ingweraroma perfekt ab.

60 ml Cognac

15 ml frisch gepresster Zitronensaft

1 Barlöffel Orangenlikör

1 Barlöffel Gomme-Sirup (siehe Anmerkung auf Seite 36)

2 Dashes Angosturabitter

etwa 30 ml Cider oder Ginger Beer

Cognac, Zitronensaft, Orangenlikör, Gomme-Sirup und Angosturabitter in einen Cocktail-Shaker geben, mit Eiswürfeln auffüllen, 8–10 Sekunden kräftig schütteln und anschließend in eine gekühlte Cocktailschale oder ein gekühltes Martiniglas seihen. Zum Schluss mit Ginger Beer aufgießen.

DAISY

Ich war noch nie für jemanden was Besonderes!

MASON

Außer für William.

DAISY

Das ist wahr! Ich war nur was Besonderes für William. Erst heute kann ich das richtig verstehen.

MASON

Außer für William.

– STAFFEL 2, FOLGE 9 –

OLD-FASHIONED-GLAS

CHAMPAGNER COBBLER

ERGIBT **1 COCKTAIL**

Cobbler wurden erstmals Mitte des 19. Jahrhunderts gemixt und waren wie Juleps (siehe Mint Julep, Seite 60) aufgrund ihrer erfrischenden Wirkung äußerst beliebt. Anders als für Juleps verwendet man hier kein zerstoßenes Crushed Ice, sondern kleine Eiskugeln – sogenannte »cobbles«.

15 ml Zuckersirup 2:1 oder Gomme-Sirup (siehe Anmerkungen auf Seite 37 beziehungsweise 36)

Schaumwein (bevorzugt Brut)

Zitronen- und Orangentwist, als Garnitur

gemischte saisonale Beeren oder andere Früchte, als Garnitur

Den Zuckersirup in ein zu zwei Dritteln mit Eiskugeln gefülltes doppeltes Old-Fashioned-Glas oder einen Julepbecher geben und mit Schaumwein aufgießen. Den Zitronen- und den Orangentwist über dem Glas zerdrehen und dann als Garnitur ins Glas geben. Die Beeren oder Früchte ebenfalls ins Glas geben und den fertigen Cocktail mit Strohhalm servieren.

– ANMERKUNG –

Statt Zuckersirup eignet sich auch Himbeersirup, dieser unterstreicht den Geschmack der Beeren, ohne zu dominant zu sein.

COCKTAIL-SCHALE

LAST WORD

ERGIBT **1 COCKTAIL**

Dieser während der Prohibition im Detroit Athletic Club kreierte Cocktail ist sozusagen die Hummel der Barwelt: So wie man kaum glauben kann, dass sie elegante Flugmanöver vollzieht, und doch eines Besseren belehrt wird, überzeugt hier eine ungewöhnliche Kombination. Ausgewogen und genau richtig kräuterig, etwas Süße im Kontrast zum Limettensaft, aber nicht zu viel – letzte Worte: der perfekte Absacker!

20 ml Gin
20 ml Maraschino
20 ml Chartreuse
20 ml frisch gepresster Limettensaft
Limettenscheibe, als Garnitur

Gin, Maraschino, Chartreuse und Limettensaft in einen Cocktail-Shaker geben, mit Eiswürfeln auffüllen, 8–10 Sekunden kräftig schütteln und anschließend in eine gekühlte Cocktailschale oder ein gekühltes Martiniglas seihen. Als Garnitur die Limettenscheibe auf den Glasrand stecken.

VIOLET

Ich muss immer lächeln: Wie wir jedes Jahr auf die Zukunft anstoßen, was sie uns auch bringen mag!

ISOBEL

Worauf sollten wir denn sonst anstoßen? Wir gehen vorwärts in die Zukunft, nicht zurück in die Vergangenheit!

VIOLET

Könnte man es sich doch aussuchen!

– STAFFEL 6, FOLGE 9 –

ANMERKUNG

Der Kirschlikör Maraschino hat nichts mit den zuckersüßen Maraschino-Cocktailkirschen zu tun. Er wird aus einer dalmatinischen Sauerkirschsorte hergestellt und schmeckt herrlich nussig und vielseitig – und sorgt in Kombination mit dem Chartreuse für eine tolle vollmundige Struktur.

ANMERKUNG

Crème de Violette ist sozusagen die Likörversion kandierter Veilchen und macht aus diesem Drink eine blumig-süße, violette Sünde, von der man nicht genug bekommt.

COCKTAIL-SCHALE

FINAL SAY

ERGIBT **1 COCKTAIL**

Violet, die Matriarchin der Familie Crawley, die ihre Gegner, ohne mit der Wimper zu zucken, ausbootet und immer bekommt, was sie will, sollte man nicht unterschätzen – genau wie diese Abwandlung des Last Word (siehe Seite 68). Trotz der sehr blumigen Aromen ist der Final Say ausgewogen und kräftig im Geschmack.

20 ml Gin
20 ml Maraschino
20 ml Crème de Violette
20 ml frisch gepresster Limettensaft
Limettenscheibe, als Garnitur

Gin, Maraschino, Crème de Violette und Limettensaft in einen Cocktail-Shaker geben, mit Eiswürfeln auffüllen, 8–10 Sekunden kräftig schütteln und anschließend in eine gekühlte Cocktailschale oder ein gekühltes Martiniglas seihen. Als Garnitur die Limettenscheibe auf den Glasrand stecken.

CORA

Ich wünschte, deine Mutter würde einsehen, dass wir alle auf derselben Seite stehen.

ROBERT

Ich denke nicht, dass diese Regel auf Mama zutrifft.

– STAFFEL 6, FOLGE 2 –

3

DIE GROSSE HALLE

Elegante Cocktails für Partys

MARTINIGLAS

NEW YORK SOUR

ERGIBT **1 COCKTAIL**

Der New York Sour, im Prinzip ein Whiskey Daisy mit Wein – wobei es sich beim Daisy wiederum um einen mit Mineralwasser aufgegossenen Sour handelt –, ist ein eleganter Drink, der perfekt zu Horsd'œuvres passt. Als Claret bezeichnet man in Großbritannien Rotweine aus dem Bordeaux, aber auch jeder andere fruchtige Rotwein ist geeignet.

60 ml Whiskey

20 ml Zuckersirup 1:1 (siehe Anmerkung auf Seite 37)

20 ml frisch gepresster Zitronensaft

etwa 20 ml Mineralwasser

etwa 30 ml Claret

Whiskey, Zuckersirup und Zitronensaft in einen Cocktail-Shaker geben mit Eiswürfeln auffüllen, 8–10 Sekunden kräftig schütteln und anschließend in ein gekühltes Martiniglas seihen. Mit Mineralwasser aufgießen und den Claret über den Rücken eines Barlöffels vorsichtig in das Glas gießen, sodass er sich als Schicht auf dem Drink absetzt (siehe Anmerkung).

– ANMERKUNG –

Einen Drink mit Likör, Wein oder einer anderen Flüssigkeiten zu floaten, ist einfacher, als es sich anhört. Alles, was man braucht, ist ein Barlöffel: Diesen mit dem Rücken nach oben zeigend knapp über die Oberfläche des Drinks halten und dann die gewünschte Flüssigkeit langsam über den Rücken ins Glas gießen. Da der Claret bei diesem Sour eine geringere Dichte hat als die Flüssigkeiten im Glas, schwimmt – oder floatet – er als separate Schicht auf der Oberfläche.

COCKTAIL-
SCHALE

LADY'S MAID

ERGIBT **1 COCKTAIL**

Die Kammerzofen (»lady's maids«) von Lady Cora, Baxter und O'Brien, sind grundverschieden, genauso wie diese zwei Varianten des New York Sours (siehe Seite 75): Die eine ist süß und die andere herb-bitter.

60 ml Whiskey

15 ml Zuckersirup 1:1 (siehe Anmerkung auf Seite 37)

20 ml frisch gepresster Zitronensaft

etwa 20 ml Mineralwasser

15 ml Ruby-Portwein für die Baxter-Variante, Campari oder ein ähnlicher italienischer Aperitiflikör für die O'Brien-Variante

Whiskey, Zuckersirup und Zitronensaft in einen Cocktail-Shaker geben, mit Eiswürfeln auffüllen, 8–10 Sekunden kräftig schütteln und anschließend in eine gekühlte Cocktailschale oder ein gekühltes Martiniglas seihen. Mit Mineralwasser aufgießen und dann den Portwein – für die Baxter-Variante – oder den Campari – für die O'Brien-Variante – über den Rücken eines Barlöffels vorsichtig in das Glas gießen (siehe Anmerkung auf Seite 75).

— ANMERKUNG —

Bei diesem Drink floaten Portwein und Campari nicht auf der Oberfläche, sondern sinken aufgrund des höheren Zuckergehalts zum Boden des Glases – und machen den Drink etwas süßer (Baxter-Variante) oder herrlich herb-bitter (O'Brien-Variante).

ANMERKUNG

Dieser Punsch lasst sich auch tassen- oder becherweise in der Mirkowelle zubereiten – ideal für einen Absacker oder als Begrüßungsdrink bei einer Party. Dafür einfach je 30 ml Weinbrand und Rum, etwas Zucker, je eine Prise der Gewürze und eine Orangenscheibe in eine Tasse geben und in der Mikrowelle erhitzen – und zum Schluss mit einem Schuss starkem, heißem schwarzen Tee aufgießen.

BOWLEGEFÄSS

TEE-PUNSCH

FÜR **6–8 PERSONEN**

Heißgetränke wie dieser Punsch waren beliebte Winterdrinks, die bevorzugt zu Bällen und feierlichen Anlässen wie Weihnachten und Silvester gereicht wurden. Das Originalrezept für diesen Punsch nennt sich *Punch au thé à l'anglaise* – auch damals waren schwarzer Tee und Engländer untrennbar miteinander verbunden! Es stammt aus dem 1904 erschienenen Werk *La Cuisine et Pâtisserie Anglaise et Américaine* von Alfred Suzanne, das sich an französische Köche richtete, die in Großbritannien oder den USA arbeiten wollten. Es brüstete sich damit, alle Rezepte zu enthalten, die von Briten und Amerikanern als Klassiker angesehen wurden – was seltsam ist, gab es doch der Ansicht des Autors nach keinerlei Bedarf an Gerichten, die nicht französisch waren. Nach Belieben kann man Orangenschalenstreifen als Garnitur über den Rand des Bowlegefäßes geben.

385 ml alter Rum

385 ml Weinbrand

50 g Zucker

abgezogene Schale von ½ Zitrone, in Streifen geschnitten

¼ TL gemahlener Zimt oder ½ Zimtstange

¼ TL gemahlene Gewürznelken oder 6 ganze Gewürznelken

525 ml starker, heißer schwarzer Tee

8 Orangenscheiben

BOWLEGEFÄSS

GHILLIES JUICE

ERGIBT **1 COCKTAIL**

Der Name dieser einfachen Abwandlung des Tee-Punschs (siehe Seite 79) bezieht sich auf Ghillies, traditionelle schottische Tanzschuhe – der perfekte Drink, um wie Mr Molesley eine heiße Sohle aufs Parkett zu legen! Man vermutet übrigens, dass die Grundidee moderner Cocktail darauf zurückgeht, dass man einzelne Gläser Punsch – der in England seit jeher sehr beliebt war – zubereiten wollte, um sie Gästen separat zu servieren. Schlussendlich waren es aber amerikanische Barkeeper, die sich moderne Kühltechniken, durch die man Eis das ganze Jahr über aufbewahren konnte, zunutze machten und so den gekühlten Cocktail erfanden. Geschäftstüchtige Europäer und amerikanische Auswanderer eröffneten während der Prohibition in ganz Europa amerikanische Bars – so begann der Siegeszug der gekühlten Mixgetränke auf dem Kontinent.

30 ml Whiskey

240 ml Tee-Punsch
(siehe Seite 79)

In die Tanzschuhe schlüpfen, den Whiskey in den Tee-Punsch geben – und wie ein Wilder tanzen!

ROBERT
Es heißt ja, in uns allen würde ein Wilder stecken, nicht wahr?

VIOLET
Wenn er doch nur darin stecken bleiben würde.

– STAFFEL 3, FOLGE 9 –

ANMERKUNG

Vorsicht: Diese Punsch-Variante hat es richtig in sich! Falls Sie vorhaben, die Nacht durchzutanzen, sollten Sie vielleicht lieber bei der etwas weniger starken Tee-Punsch-Variante bleiben.

WEINGLAS

BRANDY CRUSTA

ERGIBT **1 COCKTAIL**

Dieser Cocktail, der im New Orleans der 1850er perfektioniert wurde, war lange Zeit eine lokale Spezialität, bis Jerry Thomas ihn in seine 1887 erschienenen Ausgabe des *Bar-Tender's Guide* aufnahm. Mit dem Horse's Neck als Garnitur und dem spektakulären Zuckerrand ist er heute – genau wie damals für Jerry Thomas – einfach unwiderstehlich!

Zitronenspalte, für den Zuckerrand,
plus 1 Zitrone

Zucker, für den Zuckerrand

60 ml Weinbrand

½ Barlöffel Orangenlikör

1 Barlöffel frisch gepresster Zitronensaft

1 Barlöffel Gomme-Sirup (siehe Anmerkung auf Seite 36)

2 Dashes Angostura- oder anderer aromatischer Bitter

Den Rand eines gekühlten Weinglases oder einer gekühlten Cocktailschale mit der Zitronenspalte befeuchten und etwas Zucker auf einen kleinen, flachen Teller geben. Das Glas umdrehen und den befeuchteten Rand im Zucker drehen – fertig ist der Zuckerrand!

Mit einem Gemüseschäler die Schale von der Zitrone in einer langen Spirale abziehen, zusammenrollen und in das vorbereitete Glas geben. Dieses lange Schalenstück nennt man Horse's Neck (siehe Anmerkung auf Seite 84).

Weinbrand, Orangenlikör, Zitronensaft, Gomme-Sirup und Angosturabitter in einen Cocktail-Shaker geben, mit Eiswürfeln auffüllen, 8–10 Sekunden kräftig schütteln und anschließend in das vorbereitete Glas seihen.

COCKTAIL-SCHALE

DER TÜRKISCHE ATTACHÉ

ERGIBT **1 COCKTAIL**

Kein anderer Skandal in der Serie ist so bedrohlich für die Familie Crawley wie der Tod von Kemal Pamuk, der für Lady Mary den Ruin bedeutet hätte, wäre er an die Öffentlichkeit gekommen. Diese Variante des Brandy Crusta (siehe links) ist so gut, dass sie – genauso wie der Skandal um den toten Attaché – im Handumdrehen verschwunden sein wird.

Zitronenspalte, für den Zuckerrand, plus 1 Zitrone

Zucker, für den Zuckerrand

60 ml Weinbrand

15 ml Velvet Falernum

20 ml frisch gepresster Zitronensaft

1 Barlöffel Maracujasirup

4 Spritzer Angostura- oder anderer aromatischer Bitter

Den Rand einer gekühlten Cocktailschale oder eines gekühlten Weinglases mit der Zitronenspalte befeuchten und etwas Zucker auf einen kleinen, flachen Teller geben. Das Glas umdrehen und den befeuchteten Rand im Zucker drehen – fertig ist der Zuckerrand!

Mit einem Gemüseschäler die Schale von der Zitrone in einer langen Spirale – Horse's Neck (siehe Anmerkung auf Seite 84) – abziehen, zusammenrollen und ins Glas geben.

Weinbrand, Falernum, Zitronensaft, Maracujasirup und Angosturabitter in einen Cocktail-Shaker geben, mit Eiswürfeln auffüllen, 8–10 Sekunden kräftig schütteln und anschließend in das vorbereitete Glas seihen.

— ANMERKUNG —

Maracujasirup, eine vermeintlich eher ungewöhnliche Zutat für die damalige Zeit, findet man tatsächlich in vielen frühen Cocktailrezepten. Er sorgt für einen Hauch Exotik und aufregende fruchtige Geschmacksnoten.

ANMERKUNG

Beim Horse's Neck, einer langen Spirale aus Zitrusschale, handelt es sich sozusagen um die Fortgeschrittenenvariante des Twists. Wichtig ist es, Früchte mit relativ dicker Schale zu verwenden, damit man beim Abziehen möglichst wenig Weißes erwischt. Mit einem Gemüseschäler oder einem Zieseliermesser einen möglichst langen Streifen Zitrusschale spiralförmig abziehen, dabei die Frucht langsam drehen, den Streifen eng zusammenrollen und dann in das Glas geben.

DER TÜRKISCHE ATTACHÉ
siehe Rezept, Seite 83

VIOLET

Oh, meine lieben Kinder! Ist es denn wahrhaftig wahr? Ich kann es einfach nicht fassen! Gestern Abend sah er doch noch so gut aus! Natürlich, so etwas passiert nur einem Ausländer! Das ist typisch!

MARY

Aber das ist doch lächerlich!

VIOLET

Ja, warum denn lächerlich? Kein Engländer würde nur davon träumen, ausgerechnet im Haus von jemand anderem zu sterben. Besonders dann nicht, wenn man die Bewohner nicht gut kennt.

– STAFFEL 1, FOLGE 3 –

COCKTAIL-SCHALE

PRINCE OF WALES COCKTAIL

ERGIBT **1 COCKTAIL**

Dieser Cocktail, der wie der Prince of Wales Punch auf Seite 102 nach dem britischen Thronfolger benannt ist, soll der Legende nach von Prince Albert Edward selbst kreiert worden sein: Das Rezept stammt aus dem 1901 erschienenen Buch namens *The Private Life of King Edward VII.*

45 ml Rye Whiskey oder kanadischer Whisky mit hohem Roggengehalt

1½ Barlöffel Zuckersirup 2:1 (siehe Anmerkung auf Seite 37)

¼ Barlöffel Maraschino

1 Dash Angosturabitter

1 daumengroßes Stück Ananas

45 ml Schaumwein (bevorzugt Brut)

Zitronentwist, als Garnitur

Whiskey, Zuckersirup, Maraschino, Angosturabitter und Ananas in einen Cocktail-Shaker geben, mit Eiswürfeln auffüllen, 8–10 Sekunden kräftig schütteln und anschließend in eine gekühlte Cocktailschale oder ein gekühltes Martiniglas seihen. Den Schaumwein über den Rücken eines Barlöffels in das Glas gießen (siehe Anmerkung auf Seite 75), dann den Zitronentwist über dem Drink zerdrehen und als Garnitur ins Glas geben.

— ANMERKUNG —

Das Ananasstück wird während des Schüttelns im Shaker zerkleinert, man muss es also nicht extra zuvor mit einem Stößel zerstoßen – am Ende hat man auch so ziemlich viel Fruchtfleisch im Shaker. Um den Cocktail eines Prinzen würdig zu machen, diesen am besten mithilfe eines Teesiebs oder eines kleinen feinen Spitzsiebs doppelt in das Glas seihen.

COCKTAIL-
SCHALE

WILD ROSE

ERGIBT **1 COCKTAIL**

Zur rebellischen und lebenslustigen Lady Rose passt ein Cocktail, der ihre wilde, draufgängerische und ihre traditionsbewusste Seite in Einklang bringt. Dieser Drink, der auf dem Prince of Wales Cocktail (siehe Seite 87) basiert – bei ihrem Debütantinnenball tanzt sie mit dem Prinzen! – enthält Tequila, den man in den 1920ern in England zwar kannte, der aber dort nur selten verfügbar war – anders als in Amerika, wo Rose und Atticus nach ihrer Hochzeit leben.

45 ml Reposado-Tequila

1½ Barlöffel Zuckersirup 2:1 (siehe Anmerkung auf Seite 37)

¼ Barlöffel Maraschino

1 Dash Angosturabitter

1 daumengroßes Stück Ananas

45 ml Schaumwein (bevorzugt Brut)

Orangenrose, als Garnitur (siehe Anmerkung)

Tequila, Zuckersirup, Maraschino, Angosturabitter und Ananas in einen Cocktail-Shaker geben, mit Eiswürfeln auffüllen, 8–10 Sekunden kräftig schütteln und anschließend in eine gekühlte Cocktailschale oder ein gekühltes Martiniglas seihen. Den Schaumwein über den Rücken eines Barlöffels in das Glas gießen (siehe Anmerkung auf Seite 75) und als Garnitur eine Orangenrose ins Glas geben.

– ANMERKUNG –

Eine Orangenrose ist hübsch anzusehen und schnell hergestellt: Einfach einen nicht zu breiten, aber langen Streifen Orangenschale zusammenrollen und auf einen Cocktailspieß stecken, um ihn zu fixieren.

ROSE

Oh, übrigens, äh, Madeleine Allsopp fragte, ob ich hinterher mit ihr in den Embassy Club gehe, zusammen mit Freunden!

ROBERT

Heute noch? Nach unserem Dinner?

CORA

Rose, sobald dieser Dienstag vorbei ist …

ROSE

Ich weiß, aber man muss doch nicht in die Gesellschaft eingeführt sein, um in den Embassy Club zu gehen! Ich liebe Ambrose und sein Orchester! Bitte!

MARY

Eure Nichte ist ein Wildfang! Erlaubt es ihr!

ROSE

Ich bin kein Wildfang. Aber darf ich hingehen?

– STAFFEL 4, FOLGE 9 –

CHAMPAGNER-TULPE

FRENCH 75

ERGIBT **1 COCKTAIL**

Dieser elegante Cocktail wurde während des Ersten Weltkriegs kreiert und ist nach einem bekannten französischen Geschütz, welches damals zum Einsatz kam und seinen Namen dem 75-mm-Kaliber verdankt, benannt.

45 ml Gin

15 ml frisch gepresster Zitronensaft

15 ml Zuckersirup 1:1 (siehe Anmerkung auf Seite 37)

3 Dashes Orangenbitter

2 Zitronentwists

etwa 60 ml Brut Champagner, gekühlt

Gin, Zitronensaft, Zuckersirup, Orangenbitter und einen Zitronentwist in einen Cocktail-Shaker geben, mit Eiswürfeln auffüllen, 8–10 Sekunden kräftig schütteln und anschließend in eine gekühlte Champagnertulpe oder Cocktailschale seihen. Mit Schaumwein aufgießen, den zweiten Zitronentwist über dem Drink zerdrehen und dann als Garnitur ins Glas geben.

– ANMERKUNG –

Wenn man die Zitronenschale mit dem Rest der Zutaten in den Cocktail-Shaker gibt, erhält der Drink eine leicht bittere Note – wenn Sie es etwas milder mögen, lassen Sie sie einfach weg.

CHAMPAGNER-TULPE

IN GEDENKEN AN ARCHIE

ERGIBT **1 COCKTAIL**

Wenn Mrs Patmore eine Barkeeperin wäre, hätte sie diesen Cocktail zu Ehren ihres Neffen Archie Philpotts kreiert, der während des Kriegs starb, dessen Name aber nicht auf dem Denkmal in seiner Heimatstadt aufscheint. Durch die Salbeiblätter erhält diese Abwandlung des klassischen French 75 (siehe Seite 91) eine zitronig-frische Note.

45 ml Gin

15 ml frisch gepresster Zitronensaft

15 ml Zuckersirup 1:1 (siehe Anmerkung auf Seite 37)

2 Dashes Orangenbitter

4 frische Salbeiblätter

etwa 60 ml Brut Champagner, gekühlt

Zitronentwist, als Garnitur

Gin, Zitronensaft, Zuckersirup, Orangenbitter und Salbeiblätter in einen Cocktail-Shaker geben, mit Eiswürfeln auffüllen, 8–10 Sekunden kräftig schütteln und anschließend in eine gekühlte Champagnertulpe oder Cocktailschale seihen. Mit Champagner aufgießen, dann den Zitronentwist über dem Drink zerdrehen und als Garnitur ins Glas geben.

— ANMERKUNG —

Es wäre kein Cocktail, den Mrs Patmore kreieren würde, wenn es dazu nicht auch etwas zu essen gäbe: Diesen Drink also am besten mit einem Stück Cheddar servieren – oder einer ganzen Käseplatte!

CHAMPAGNER-TULPE

KIR ROYAL

ERGIBT **1 COCKTAIL**

Dieser berühmte französische Cocktail ist nach dem Kanoniker Félix Kir (1876–1968) benannt, dem ehemaligen Bürgermeister von Dijon – jener Stadt, aus der der aus lokal geernteten schwarzen Johannisbeeren bestehende Crème de Cassis stammt.

150 ml Champagner oder ein anderer Schaumwein, gekühlt

2 Barlöffel Crème de Cassis

Zitronentwist, als Garnitur

Champagner und Crème de Cassis in eine gekühlte Champagnertulpe geben und kurz umrühren. Den Zitronentwist über dem Drink zerdrehen und dann als Garnitur ins Glas geben.

– ANMERKUNG –

Den Zusatz »Royal« bekommen Drinks, wenn man Champagner oder einen anderen Schaumwein dazugibt. Grundsätzlich kann man aus jedem Cocktail eine »royale« Variante machen – beispielsweise auch, wenn Ihnen ein Drink etwas zu stark geraten ist und Sie ihn verdünnen möchten. Bei Cocktails, die Mineral- oder Sodawasser enthalten, kann man dieses einfach durch die entsprechende Menge Champagner ersetzen.

BOWLEGEFÄSS

STIRRUP CUP

FÜR **6 PERSONEN**

Auf Downton gingen elegant gekleidete Damen und Herren häufig auf Fuchsjagd, ehe sie zum Nachmittagstee zusammenkamen. Bei der Jagd war es außerdem üblich, dass die Herren, sobald alle Teilnehmer eingetroffen waren, einen Drink herumreichten, bevor sie aufbrachen. Oft war das ein einfacher Portwein – der Stirrup Cup, der aus dem *Savoy Cocktail Book* von Henry Craddock stammt und ursprünglich mit Claret zubereitet wurde, wäre aber auch eine gute Wahl gewesen.

300 ml Ruby-Portwein

75 ml Maraschino

75 ml Curaçao

1½ Barlöffel Zucker

600 ml Sodawasser, gekühlt

1 Orange, in dünne Scheiben geschnitten und diese nochmals halbiert

6 Scheiben Ananas, Schale entfernt, in je acht Stücke geschnitten

½ Gurke, in dünne Scheiben geschnitten

frische Minzzweige, als Garnitur

Portwein, Maraschino, Curaçao und Zucker in ein Bowlegefäß geben und umrühren, bis sich der Zucker aufgelöst hat. Mit Sodawasser aufgießen und kurz verrühren, dann Eiswürfel dazugeben und nochmals gut umrühren. Schließlich Orangenscheiben, Ananasstücke und Gurkenscheiben dazugeben.

Den Stirrup Cup in Bowlegläsern servieren, dabei sollten in jedem Glas unbedingt auch einige Orangen- und Gurkenscheiben sowie Ananasstücke landen. Als Garnitur in jedes Glas einen frischen Minzzweig geben.

ANMERKUNG

Der Stirrup Cup ist relativ süß, falls Sie es nicht ganz so süß bevorzugen, geben Sie einfach etwas weniger Maraschino dazu!

COCKTAIL-
SCHALE

BOOTHBY

ERGIBT **1 COCKTAIL**

Diese Variante des Manhattan (siehe Seite 147) schafft genau die richtige Balance zwischen süß und bitter und ist wunderbar spritzig und elegant – perfekt für jede Cocktailparty. Das Rezept wurde von William »Cocktail Bill« Boothby entwickelt, einem Autor und Barkeeper, der im frühen 19. Jahrhundert im Palace Hotel in San Francisco arbeitete, ehe das Erdbeben von 1906 große Teile der Stadt in Schutt und Asche legte.

45 ml Rye Whiskey oder kanadischer Whisky mit hohem Roggengehalt

45 ml süßer Wermut

2 Dashes Angosturabitter

30 ml Schaumwein (bevorzugt Brut), gekühlt

Whiskey, Wermut und Angosturabitter in ein mit Eis gefülltes Rührglas geben, 20–30 Sekunden rühren und anschließend in eine gekühlte Cocktailschale oder ein gekühltes Martiniglas seihen. Zum Schluss den Schaumwein über den Rücken eines Barlöffels in das Glas gießen (siehe Anmerkung auf Seite 75).

– ANMERKUNG –

Um sicherzugehen, dass der Drink wunderbar spritzig wird, sollten der Schaumwein und auch der Cocktail so kalt wie nur möglich sein – die Kohlensäure verfliegt nämlich, wenn die Flüssigkeiten zu warm werden.

BOWLEGEFÄSS

PINEAPPLE JULEP

FÜR 4 PERSONEN

Obwohl dieser Cocktail Julep heißt, hat er wenig mit den klassischen Juleps, wie etwa dem Mint Julep auf Seite 60, gemeinsam, denn es handelt sich hierbei eher um eine Bowle. Das erste Rezept für Pineapple Julep ist im 1869 erschienenen Buch *Cooling Cups and Dainty Drinks* von William Terrington enthalten – das war das erste britische Kochbuch, das Rezepte für Cocktails sowie andere in Großbritannien und Europa beliebte Getränke enthielt.

1 Ananas, Schale entfernt, in Stücke geschnitten

120 ml Bols Barrel Aged Genever (fassgereifter Genever)

120 ml Maraschino

120 ml Himbeersirup

Saft von 2 Orangen

1 Flasche (750 ml) Schaumwein, gekühlt

etwa 450 g Shaved oder Crushed Ice

saisonale Beeren, als Garnitur

Ananasstücke, Genever, Maraschino, Himbeersirup, Orangensaft, Schaumwein und Eis in ein Bowlegefäß geben und verrühren, bis alles gut vermischt ist. Anschließend die Beeren oder Früchte dazugeben und den Pineapple Julep in Bowlegläsern servieren.

— ANMERKUNG —

Wenn Sie keinen fassgereiften Genever finden, eignet sich als Ersatz auch ein milder Whisky.

COLLINSGLAS

PLANTER'S PUNCH

ERGIBT **1 COCKTAIL**

Dieser ursprünglich jamaikanische Drink existiert in unzähligen verschiedenen Varianten. Die traditionellen Zutaten sind umstritten, einig ist man sich nur, dass es sich um einen tropischen Drink mit Rum und Zitrusnoten handelt – so kommt es, dass kein heute überliefertes Rezept dem anderen gleicht.

60 ml dunkler Rum

60 ml frisch gepresster Grapefruitsaft

30 ml Ananassaft

30 ml frisch gepresster Limettensaft

15 ml Zuckersirup 1:1 (siehe Anmerkung auf Seite 37)

30 ml Sodawasser

Ananasstreifen, als Garnitur

Rum, Grapefruit-, Ananas- und Limettensaft sowie Zuckersirup in einen Cocktail-Shaker geben, mit Eiswürfeln auffüllen, 8–10 Sekunden kräftig schütteln und anschließend in ein mit Eiswürfeln gefülltes Collinsglas seihen. Mit Sodawasser aufgießen und kurz umrühren, dann den Ananasstreifen als Garnitur in das Glas geben.

– ANMERKUNG –

In einigen Planter's-Punch-Rezepten wird Orangen- statt Grapefruitsaft und Zitronen- statt Limettensaft verwendet, und teilweise wird der Drink mit einem Spritzer Grenadine zusätzlich gesüßt. Hier ist experimentieren mehr als erwünscht: Schaffen Sie sich Ihr eigenes tropisches Paradies im Glas!

BOWLEGEFÄSS

FISH HOUSE PUNCH

FÜR **15–17 PERSONEN**

Dieses früher wohlbehütete Rezept wurde 1732 im ehrwürdigen Fish House Club in Philadelphia, zu dessen Mitgliedern George Washington zählte, kreiert. Der Fish House Punch ist relativ stark: am besten in kleinen Schlückchen genießen – und einen großen Eisblock in das Bowlegefäß geben!

2 Flaschen (à 750 ml) dunkler Rum

525 ml Weinbrand

240 ml Pfirsich-Weinbrand

300 ml frisch gepresster Limettensaft

300 ml frisch gepresster Zitronensaft

240 ml Zuckersirup 1:1 (siehe Anmerkung auf Seite 37)

1 großer Eisblock, zum Servieren

Zitronen- und Limettenscheiben, als Garnitur

Rum, Weinbrand und Pfirsich-Weinbrand, Limetten- und Zitronensaft, Zuckersirup und 60 ml Wasser in ein großes Edelstahlgefäß oder einen anderen Behälter aus nicht-reaktiven Material geben, gut umrühren und abgedeckt mindestens 4 Stunden kaltstellen.

Den Eisblock in ein großes Bowlegefäß geben, dann die Mischung darübergießen und die Zitronen- und Limettenscheiben dazugeben. Den fertigen Fish House Punch in Bowlegläsern servieren.

– ANMERKUNG –

Pfirsich-Weinbrand ist etwas anderes als Pfirsichlikör: Achten Sie darauf, den ungesüßten Weinbrand zu kaufen – wenn Sie nur Likör bekommen, unbedingt die Mengenangabe für den Zuckersirup halbieren!

BOWLEGEFÄSS

PRINCE OF WALES PUNCH

FÜR **10 PERSONEN**

Ein Gericht oder ein Getränk nach Mitgliedern der königlichen Familie zu benennen, war ein beliebter Handgriff, um sicherzustellen, dass es als besonders elegant angesehen wurde. Prince of Wales ist der Titel des britischen Thronfolgers – zu der Zeit, zu der *Downton Abbey* spielt, war das Edward, der spätere König Edward VIII., der bekannt dafür war, großen Wert auf sein Äußeres zu legen und viele Affairen meist mit verheirateten Frauen zu haben. Er spielt auch in *Downton* eine Rolle: Er ist der Grund für Lady Marys kurze Karriere als Diebin, als sie versucht, einen seiner Liebesbriefe wiederzubeschaffen, den der durch und durch böse Terence Sampson während einer Party von Freda Dudley Ward gestohlen hatte. Die echte Freda Dudley Ward hatte, wie die Downton-Töchter, einen englischen Vater und eine amerikanische Erbin als Mutter und war die erste Liebe Edwards, bis er sich 1934 in Wallis Simpson verliebte. 1931 reichte ihr Ehemann aufgrund ihres Ehebruch die Scheidung ein. Dieser Drink ist leicht, erfrischend und ideal für alle, die es nicht allzu süß mögen.

425 ml Champagner

425 ml Rheinwein oder ein ähnlicher leichter Weißwein

60 ml Weinbrand

60 ml Curaçao

60 ml Himbeersirup

30 ml Rum

Saft von ½ Zitrone

Saft von ½ Orange

825 ml Sodawasser, gekühlt

Alle Zutaten in ein großes Edelstahlgefäß oder einen Behälter aus einem anderen nicht-reaktiven Material geben und gut umrühren. Den fertigen Prince of Wales Punch in mit Eiswürfeln gefüllten Bowlegläsern servieren.

COCKTAIL-
SCHALE

WHITE LADY

ERGIBT **1 COCKTAIL**

Dieser Drink war in der American Bar des Londoner Savoy Hotels so beliebt, dass 1927 im Zuge von Renovierungsarbeiten sogar ein Cocktail-Shaker mit einer White Lady darin in eine Wand eingemauert wurde.

60 ml Gin

20 ml frisch gepresster Zitronensaft

15 ml Orangenlikör

1½ Barlöffel Gomme-Sirup (siehe Anmerkung auf Seite 36)

Alle Zutaten in einen Cocktail-Shaker geben, mit Eiswürfeln auffüllen, 8–10 Sekunden kräftig schütteln und anschließend in eine gekühlte Cocktailschale oder ein gekühltes Martiniglas seihen.

— ANMERKUNG —

Es mag verlockend erscheinen, statt Zuckersirup einfach etwas mehr Orangenlikör dazuzugeben, um den Cocktail zu süßen – aber Vorsicht: Orangenlikör hat meist um die 40 Prozent, ein weiterer Schuss kann dafür sorgen, dass der Drink auf einmal sehr viel stärker ist und seine Ausgewogenheit verliert.

MARTINIGLAS

HOCHZEITSMANTEL

ERGIBT **1 COCKTAIL**

Die gütige, integre und tüchtige Mrs Hughes sorgte stets dafür, dass im Bereich der Dienstboten alles so flüssig lief wie dieser Cocktail, der auf der auf der White Lady (siehe Seite 103) basiert. Die Crème de Cassis verleiht dem Cocktail eine wunderschöne violette Farbe und sorgt für blumige und fruchtige Nuancen, die einen schönen Kontrast zum Gin darstellen.

60 ml Gin

20 ml frisch gepresster Zitronensaft

15 ml Crème de Cassis

1½ Barlöffel Gomme-Sirup (siehe Anmerkung auf Seite 36)

Alle Zutaten in einen Cocktail-Shaker geben, mit Eiswürfeln auffüllen, 8–10 Sekunden kräftig schütteln und anschließend in ein gekühltes Martiniglas oder eine gekühlte Cocktailschale seihen.

– ANMERKUNG –

Wie bei dem eleganten Hochzeitsmantel von Mrs Hughes ist auch bei Cocktails die Textur das A und O. Hier ist es der Gomme-Sirup, der diesen Drink von einem einfachen Sour in einen wunderbar vollmundigen, eleganten Cocktail verwandelt – mit dem es sich mehr als gebührend feiern lässt.

CARSON

Aber wenn meine Hosenbeine nass werden?

MRS HUGHES

Wenn sie nass werden, dann trocknen wir sie wieder.

CARSON

Und wenn ich nun umfalle?

MRS HUGHES

Und wenn nun eine Bombe hochgeht? Oder wenn wir eine Sternschnuppe auf den Kopf kriegen? Sie dürfen meine Hand festhalten! Dann können wir zusammen reingehen!

CARSON

Ich glaube, ich werde Ihre Hand festhalten. Dann fühle ich mich wohl ein klein wenig sicherer.

– STAFFEL 4, FOLGE 9 –

4

DER SALON

Aperitif-Cocktails & Katerdrinks

COLLINSGLAS

MORNING GLORY FIZZ

ERGIBT **1 COCKTAIL**

Dieser Anti-Kater-Cocktail aus dem späten 19. Jahrhundert ist eine einzigartige Kombination aus schottischem Whisky und Schokoladenlikör. Das Sodawasser beruhigt den Magen und macht den Drink schön leicht, und der (bevorzugt frisch geriebene) Muskat rundet den Geschmack perfekt ab – man sollte also nicht darauf verzichten!

60 ml schottischer Whisky

15 ml Schokoladenlikör

30 ml Kaffeesahne (siehe Anmerkung auf Seite 111)

120 ml Sodawasser

gemahlene oder frisch geriebene Muskatnuss, als Garnitur

Whisky, Schokoladenlikör und Kaffeesahne in einen Cocktail-Shaker geben, mit Eiswürfeln auffüllen, 8–10 Sekunden kräftig schütteln und anschließend in ein Collinsglas oder ein doppeltes Old-Fashioned-Glas seihen. Mit Sodawasser aufgießen und gut umrühren. Den fertigen Cocktail mit etwas Muskat bestreuen.

ANMERKUNG

Hierbei handelt es sich um einen eher trockenen, erfrischenden Drink – wenn Sie es etwas süßer mögen, können Sie die Mengenangabe für den Likör verdoppeln.

BATES

Zweifelst du nie daran? Nur einen Augenblick? Ich würde es dir nicht verdenken.

ANNA

Nein. Ich zweifle auch nicht daran, dass die Sonne im Osten aufgeht, nicht eine Sekunde.

– STAFFEL 3, FOLGE 1 –

COLLINSGLAS

NEVER DOUBT

ERGIBT 1 COCKTAIL

Es gibt keine Beziehung in *Downton Abbey,* die ähnlich viele Feuerproben zu bestehen hat wie jene zwischen Anna und John Bates. Trotz Barrows Intrigen, der Versuche von Bates verletzter Ehefrau Vera, sie auseinanderzubringen, und ihrer Haftstrafen zweifeln die beiden nie an ihrer Liebe füreinander. Dieser Cocktail, eine Variante des Morning Glory Fizz (siehe Seite 108), ist daher ihnen gewidmet.

60 ml Cognac

30 ml Orgeat

30 ml Kaffeesahne (siehe Anmerkung)

120 ml Sodawasser

gemahlene oder frisch geriebene Muskatnuss, als Garnitur

Cognac, Orgeat und Kaffeesahne in einen Cocktail-Shaker geben, mit Eiswürfeln auffüllen, 8–10 Sekunden kräftig schütteln und anschließend in ein mit Eiswürfeln gefülltes Collinsglas seihen. Mit Sodawasser aufgießen und gut umrühren. Den fertigen Cocktail mit etwas Muskat bestreuen.

— ANMERKUNG —

Anstelle von Kaffeesahne eignet sich auch eine Mischung aus gleichen Teilen Sahne und Milch.

COCKTAIL-
SCHALE

CORPSE REVIVER Nº 1

ERGIBT **1 COCKTAIL**

Dieser Drink gilt als zuverlässige Katermedizin – Medizin ganz anderer Art brauchte man, als Downton Abbey in ein Genesungsheim für verletzte Soldaten umfunkioniert wurde und Isobel Crawley als Krankenschwester im Lazarett arbeitete. Dieser Cocktail wurde bekannt, nachdem er im *Savoy Cocktail Book* von Harry Craddock mit folgender Anmerkung erschien: »Vor elf Uhr einzunehmen oder wann immer man einen Schwung neue Energie braucht.«

45 ml süßer Wermut

20 ml Calvados oder anderer Apfelweinbrand

20 ml Cognac

Alle Zutaten in ein mit Eis gefülltes Rührglas geben, 20–30 Sekunden rühren, bis das Glas beschlägt, und anschließend in eine gekühlte Cocktailschale oder ein gekühltes Martiniglas seihen.

LADY ANSTRUTHER

Keine Cocktails? Ich dachte, die gäbe es jetzt überall.

MARY

Nicht auf Downton. Unser Butler hat es einmal versucht und sich bis heute nicht erholt.

– STAFFEL 5, FOLGE 1 –

COCKTAIL-SCHALE

CLARKSONS LEBENSRETTER

ERGIBT **1 COCKTAIL**

Für Liebhaber klassischer Cocktails ist der Corpse Reviver No. 1 (siehe links) womöglich eher unspannend. Kombiniert man den Weinbrand allerdings mit zahlreichen unterstützenden Geschmacksnuancen – Zimtnoten vom Angosturabitter, Vanillearomen durch den Rum und Anis aufgrund des Absinths –, wird diese *Downton Abbey*-Version, die zu Ehren Dr. Clarksons kreiert wurde, zu einem echten Lebensretter.

45 ml süßer Wermut

30 ml Calvados oder ein ähnlicher Apfelweinbrand

15 ml dunkler Rum

¼ Barlöffel Absinth

2 Dashes Angosturabitter

Alle Zutaten in ein mit Eis gefülltes Rührglas geben, 20–30 Sekunden rühren, bis das Glas beschlägt, und anschließend in eine gekühlte Cocktailschale oder ein gekühltes Martiniglas seihen.

ISOBEL

Verweigern Sie dem Mann wirklich seine allerletzte Hoffnung?

CLARKSON

Ich wünschte, es wäre eine Behandlung, mit der ich besser vertraut wäre.

ISOBEL

Reicht das als Entschuldigung, wenn er sein Leben verliert?

CLARKSON

Schwester! Können Sie Mr Drake bitte für die Behandlung vorbereiten? Nun, Mrs Crawley, ich glaube, wir werden zusammen schwimmen.

– STAFFEL 1, FOLGE 2 –

COCKTAIL-
SCHALE

CORPSE REVIVER № 2

ERGIBT **1 COCKTAIL**

Die beiden muntermachenden Corpse Reviver sollen Katergeplagte wieder fit machen, sind aber beide relativ stark. Crosby Gaige, ein New Yorker Lebemann der 1930er-Jahre, sagte einmal, dass ein Corpse Reviver jeden anständigen Toten aufwecken würde, vier hintereinander würden jedoch dafür sorgen, dass man sich unverzüglich wieder in die Horizontale begibt.

20 ml Gin
20 ml Cocchi Americano
20 ml Orangenlikör
20 ml frisch gepresster Zitronensaft
2 Dashes Absinth

Alle Zutaten in einen Cocktail-Shaker geben, mit Eiswürfeln auffüllen, 8–10 Sekunden kräftig schütteln und anschließend in eine gekühlte Cocktailschale oder ein gekühltes Martiniglas seihen.

— ANMERKUNG —

Wenn Sie keinen Cocchi Americano bekommen oder kein Fan der Bitternoten der Chinarinde, die in diesem Aperitif enthalten ist, sind, können Sie stattdessen auch Lillet Blanc verwenden.

COCKTAIL-
SCHALE

PETRICK

ERGIBT **1 COCKTAIL**

Das Auftauchen Major Peter Gordons, des mysteriösen Mannes mit dem durch Verbrennungen entstellten Gesicht, auf Downton wirft Fragen auf, die wohl nie zweifelsfrei beantwortet werden können: Ist er der von den Toten auferstandene Patrick Crawley, von dem man dachte, er wäre auf der *Titanic* gestorben? Oder ist es Peter Gordon, der Patrick von seiner ehemaligen Arbeit im Foreign Office kannte? Der Petrick, eine Variante des Corpse Reviver No. 2 (siehe Seite 114), ergreift in dieser Frage keine Partei.

20 ml kanadischer Whisky

20 ml Cocchi Americano

20 ml Orangenlikör

20 ml frisch gepresster Zitronensaft

2 Dashes Angosturabitter

Eiswürfel, als Garnitur

Whisky, Cocchi Americano, Orangenlikör, Zitronensaft und Angosturabitter in einen Cocktail-Shaker geben, mit Eiswürfeln auffüllen, 8–10 Sekunden kräftig schütteln und anschließend in eine gekühlte Cocktailschale oder ein gekühltes Martiniglas seihen. Als Garnitur einen Eiswürfel (der Eisberg!) in das Glas geben.

MARY

Das ist lächerlich! Wie kann das denn wahr sein? Wo hat er sich in den letzten sechs Jahren versteckt?

EDITH

In Kanada, er litt an Gedächtnisverlust.

ROBERT

Er erzählt eine Geschichte, die das erklären würde! Ich bin mir nur nicht sicher, wie man die Fakten überprüfen kann.

– STAFFEL 2, FOLGE 6 –

COLLINSGLAS

VALET

ERGIBT **1 COCKTAIL**

Dieser Drink ähnelt dem Never Doubt (siehe Seite 111), der ebenfalls Cognac und Orgeat enthält, und ist eine weitere Hommage an die treue Liebe zwischen Anna und Bates. Der Valet ist eine Abwandlung des Ramos Gin Fizz (siehe Seite 47), die durch den Orgeat etwas intensiver im Geschmack ist – ein toller Muntermacher mit spannender Textur!

60 ml Cognac

15 ml frisch gepresster Orangensaft

15 ml frisch gepresster Zitronensaft

15 ml Orgeat

4 Tropfen Orangenblütenwasser

1 Eiweiß

30 ml Kaffeesahne (siehe Anmerkung auf Seite 111)

60 ml Sodawasser

Cognac, Orangen- und Zitronensaft, Orgeat, Orangenblütenwasser, Eiweiß und Kaffeesahne in einen Cocktail-Shaker geben, mit Eiswürfeln auffüllen und mindestens 3 Minuten kräftig schütteln – oder länger! Die Mischung in eine gekühltes Collinsglas seihen, mit Sodawasser aufgießen, kurz umrühren und sofort servieren.

– ANMERKUNG –

Wenn Sie kein rohes Eiweiß verwenden möchten oder für eine Party große Mengen Eiweiß brauchen, kaufen Sie pasteurisiertes Eiweiß (im Großhandel erhältlich) und verwenden Sie 30 ml pro Drink.

COLLINSGLAS

GIN RICKEY

ERGIBT **1 COCKTAIL**

Rickeys gehören genau genommen zur Kategorie der Fizzes, enthalten eine Basisspirituose, frisch gepressten Limettensaft und Sodawasser und werden mit einer Limettenspalte garniert. Diese Variante mit Gin ist der wohl beliebteste Fizz – und er ist perfekt als erfrischender Muntermacher an einem heißen Sommertag.

60 ml Gin

30 ml frisch gepresster Limettensaft

150–180 ml Sodawasser, gekühlt

Limettenspalte, als Garnitur

Gin und Limettensaft in ein mit Eiswürfeln gefülltes Collinsglas geben, mit Sodawasser aufgießen und kurz umrühren. Als Garnitur die Limettenspalte auf den Glasrand stecken.

— ANMERKUNG —

Sie haben wahrscheinlich schon bemerkt, dass dieser Drink nicht gesüßt wird: Hier steht der Geschmack des Gins im Vordergrund. Nach Bedarf können Sie den Drink aber auch noch etwas nachsüßen – etwa mit Sirup, ähnlich wie beim Raspberry Gin Fizz (siehe Seite 46).

OLD-FASHIONED-GLAS

BRANDY SHRUB

ERGIBT **825 ML**

Bei diesem Drink handelt es sich zwar nicht um einen klassischen Shrub, eine Mischung aus Früchten, Zucker und Essig, die für einen antialkoholischen Drink mit Sodawasser aufgegossen oder für einen Cocktail mit einer Basisspirituose gemixt wird – er ist aber ähnlich fruchtig-erfrischend. Diese Variante stammt aus dem 1930 erschienenen *Savoy Cocktail Book* von Henry Craddock und geht auf die britischen Shrubs des 17. und 18. Jahrhunderts aus Weinbrand oder Rum, Zitrussaft und Zucker zurück. Der Brandy Shrub kann pur getrunken werden (kann einen aber ziemlich umhauen!), eignet sich aber auch für Mischgetränke aufgegossen mit einem Filler wie Sodawasser oder Limonade oder sogar heißem Wasser für einen Punsch.

- **1 pint (480 ml) Weinbrand**
- **in Streifen abgezogene Schale und Saft von 1 Zitrone**
- **240 ml Sherry**
- **225 g Zucker**

Weinbrand und Zitronenschale sowie -saft in einen luftdicht verschließbaren Behälter geben und abgedeckt beim Zimmertemperatur 3 Tage ziehen lassen.

Die Mischung anschließend zusammen mit Sherry und Zucker in ein großes Schraubglas geben, gut verschließen und eine weitere Woche ziehen lassen, dabei mehrmals täglich schütteln, bis sich der Zucker aufgelöst hat. Den Shrub gut gekühlt in Old-Fashioned-, Likör- oder Portweingläsern servieren.

— ANMERKUNG —

Bei der Wahl des Fillers ist Experimentieren erlaubt! Mit heißem Wasser, einer Orangen- oder Zitronenscheibe und etwas frischem Ingwer wird aus dem Shrub ein Hot Toddy, der jede Erkältung kuriert.

COLLINSGLAS

MOSELLE CUP

ERGIBT **2 COCKTAILS**

Cups waren in Großbritannien bereits beliebt, bevor man Cocktails im heutigen Sinne kannte, und wurden häufig bei Partys, aber auch bei Picknicks serviert. Die Rezepte sind meist nicht eindeutig, was die Mengenangaben betrifft – etwas Wein, eine Spirituose und Sodawasser auf Eis –, hier können Sie also gerne etwas variieren. Dieser Drink enthält Bénédictine, einen französischen Likör, der von einem Weinhändler im späten Viktorianischen Zeitalter erfunden wurde. Er behauptete, es handle sich um ein lange verloren geglaubtes Klosterrezept, und verkaufte den Likör als Gesundheitsgetränk. Das traf sich gut, wurde der Bénédictine doch in Fécamp im Norden Frankreichs produziert – einer Stadt in der nach Kriegsende 1918 zahlreiche Soldaten und Invaliden einquartiert wurden.

240 ml Moselwein oder ein anderer süßer, leichter Wein

240 ml Sodawasser

60 ml Bénédictine

frische Minz-, Borretsch- und/oder Zitronenverbenenzweige und/oder essbare Blüten, als Garnitur

Wein, Sodawasser und Bénédictine in ein großes Rührglas oder einen Krug geben und gut umrühren. Den fertigen Drink in mit Eiswürfeln gefüllte Collinsgläsern geben und mit Kräuterzweigen und/oder Blüten garniert servieren.

– ANMERKUNG –

Welche Garnitur man verwendet, hat Einfluss auf den Geschmack des Cups, verwenden Sie also Kräuter, die Ihnen schmecken. Auch Orangen- oder Zitronentwists oder dünne Gurkenscheiben sind geeignet!

COLLINSGLAS

UPSTAIRS COCKTAIL

ERGIBT **1 COCKTAIL**

Abgesehen vom Rezept findet man im *Savoy Cocktail Book* keine weiteren Informationen zu diesem Cocktail – aber wenn man ihn einmal probiert hat, weiß man alles, was man wissen muss: Er ist erfrischend und nicht zu stark und damit der perfekte Aperitif-Cocktail!

90 ml Dubonnet

15 ml frisch gepresster Zitronensaft

Mineralwasser

Zitronentwist, als Garnitur

Dubonnet und Zitronensaft in ein mit Eiswürfeln gefülltes Collinsglas geben, mit Mineralwasser aufgießen und gut umrühren. Den Zitronentwist über dem Drink zerdrehen und dann als Garnitur ins Glas geben.

— ANMERKUNG —

Statt Dubonnet kann man auch einen anderen Aperitif auf Likörwein-Basis oder Wermut verwenden – bei Bedarf kann man außerdem die Menge an dazugegebenem Mineralwasser variieren.

ROBERT

Guten Abend, Mama. Darf ich dich zu einem dieser neuartigen Cocktails überreden?

VIOLET

Nein, nein, ich denke eigentlich, eher nicht. Sie sehen zu aufregend für diese frühe Abendstunde aus, finden Sie das nicht auch, Carson?

– STAFFEL 3, FOLGE 1 –

COLLINSGLAS

DONK

ERGIBT **1 COCKTAIL**

Die zwei Drinks, die Lord Grantham am liebsten trinkt, sind Portwein und Whisky – und dieser spritzige, leicht säuerliche Cocktail enthält beide. Es handelt sich um eine Variante des Upstairs Cocktail (siehe Seite 122), wobei der Whisky hier für erdigere, rauchige Noten und mehr Tiefe sorgt.

15 ml frisch gepresster Zitronensaft

90 ml Ruby-Portwein

Mineralwasser

1½ Barlöffel schottischer Peaty Whisky (mit torfigen Noten)

Zitronentwist, als Garnitur

Zitronensaft und Portwein in ein mit Eiswürfeln gefülltes Collinsglas geben, mit Mineralwasser aufgießen, gut umrühren und schließlich den Whisky über den Rücken eines Barlöffels in das Glas gießen (siehe Anmerkung auf Seite 75). Den Zitronentwist über dem Drink zerdrehen und dann als Garnitur ins Glas geben.

— ANMERKUNG —

Dieser Drink enthält vermeintlich wenig Whisky, aber genau dieser macht den Unterschied: Er gibt dem Cocktail Tiefe und sorgt für interessante erdige Geschmacksnoten. Wichtig ist hierbei, dass man den Drink nicht mehr umrührt, nachdem der Whisky im Glas ist.

OLD-FASHIONED-GLAS

KNICKERBOCKER

ERGIBT **1 COCKTAIL**

Dieser erfrischende Cocktail geht auf das späte 19. Jahrhundert zurück und ähnelt dem klassischen Daiquiri (siehe Seite 57) – mit einem zusätzlichen Hauch Himbeere!

60 ml alter Rum

15 ml frisch gepresster Limettensaft

1 Barlöffel Himbeersirup

1 Barlöffel Curaçao

saisonale Beeren, als Garnitur

Rum, Limettensaft, Himbeersirup und Curaçao in einen Cocktail-Shaker geben, mit Eiswürfeln auffüllen, 8–10 Sekunden kräftig schütteln und anschließend in ein Old-Fashioned-Glas seihen. Als Garnitur saisonale Beeren ins Glas geben.

— ANMERKUNG —

Mit diesem Rezept erhält man einen relativ trockenen Drink, wenn Sie es etwas süßer mögen, können Sie nach Belieben noch bis zu 15 ml Himbeersirup dazugeben.

COCKTAIL-SCHALE

BIJOU

ERGIBT **1 COCKTAIL**

Dieser Cocktail wird zum ersten Mal in der 1900 erschienenen Ausgabe des *New and Improved Illustrated Bartenders' Manual* des in Deutschland geborenen amerikanischen Barkeepers Harry Johnson erwähnt. Er ist nach dem französischen Wort für Juwel benannt: Bijou – der perfekte Name für einen schlichten, aber einfach makellosen Drink. Das Buch enthält außerdem eine Reihe von Tipps zur Barkunde, wie etwa Informationen zur korrekten Aufbewahrungstemperatur von Bittern, Likören und Sirupen (Zimmertemperatur!), sowie Rezepte und Anleitungen auf Englisch und Deutsch.

30 ml Plymouth Gin
30 ml Chartreuse
30 ml süßer Wermut
1 Dash Orangenbitter
Kirsche und Zitronentwist, als Garnitur

Gin, Chartreuse, Wermut und Orangenbitter in ein mit Eis gefülltes Rührglas geben, 20–30 Sekunden rühren, bis das Glas beschlägt, und anschließend in eine gekühlte Cocktailschale oder ein gekühltes Martiniglas seihen. Die Kirsche als Garnitur ins Glas geben, den Zitronentwist über dem Drink zerdrehen und dann ebenfalls ins Glas geben.

— ANMERKUNG —

Plymouth Gin ist sowohl eine Marke als auch eine eigene Gin-Sorte, die aus der Hafenstadt Plymouth im Südwesten Englands stammt. Diese regionale Gin-Sorte unterscheidet sich deutlich vom weitverbreiteten London Dry Gin: Sie ist erdig, weniger zitronig und der Wacholdergeschmack ist milder.

[Reggies Brief an Matthew]

Ich habe wenige enge Freunde und darum habe ich in ihrem Namen beschlossen, dich zu der Liste meiner Erben hinzuzufügen! Ich halte es für unwahrscheinlich, dass ich die beiden ersten Erben überlebe, darum ist die Chance gering, dass du diesen Brief lesen wirst. Aber solltest du es tun, und falls das Geld zu dir kommen sollte, wisse, dass es in umfassender Kenntnis dessen geschieht, was vorgefallen ist! Bitte lasse dich nicht von Kummer, Schuldgefühlen oder Bedauern davon abhalten, es freudig anzunehmen.

Gott möge dich segnen, mein Junge.

Reggie

– STAFFEL 3, FOLGE 3 –

COCKTAIL-
SCHALE

REGGIES BRIEF

ERGIBT **1 COCKTAIL**

Die arme, unschuldige Lavinia Swire gerät irgendwie mitten hinein in Mary und Matthews schicksalhafte Liebesgeschichte – genauso wie der süße Wermut beim Bijou (siehe Seite 127) inmitten von Gin und Chartreuse landet. Hier verwendet man statt des süßen trockenen Wermut, wodurch ein etwas herberer Drink mit zarten Kräuternoten entsteht, der erfrischend und sehr elegant ist.

30 ml Plymouth Gin
30 ml Chartreuse
30 ml trockener Wermut
1 Dash Orangenbitter
Kirsche und Zitronentwist, als Garnitur
½ Barlöffel Fernet-Branca

Gin, Chartreuse, Wermut und Orangenbitter in ein mit Eis gefülltes Rührglas geben, 20–30 Sekunden rühren, bis das Glas beschlägt, und anschließend in eine gekühlte Cocktailschale oder ein gekühltes Martiniglas seihen. Die Kirsche als Garnitur ins Glas geben, den Zitronentwist über dem Drink zerdrehen und dann ebenfalls ins Glas geben. Zum Schluss den Fernet über den Rücken eines Barlöffels in das Glas gießen (siehe Anmerkung auf Seite 75).

— ANMERKUNG —

Der vorsichtig in das Glas gegossene Bitterlikör Fernet schwebt wie eine dunkle Wolke im Glas: ähnlich wie der Brief von Reggie Swire (siehe links) an Matthew. Zum Glück schmeckt dieser Cocktail aber weder nach Schuld noch nach Bedauern!

5

IM DORF

Drinks für jeden Tag

COLLINSGLAS

GINGER BEER

ERGIBT **ETWA 3,3 L**

Ginger Beer war in den 1910er- und 1920er-Jahren bei Festen und Jahrmärkten nicht wegzudenken, denn es war billig in der Herstellung, lange haltbar und äußerst erfrischend. Dienstboten wie Herrschaften tranken Ginger Beer äußerst gern: Man sieht es bei so gut wie jedem Dorffest in *Downton Abbey,* aber etwa auch bei Harold Levinsons und Madeleine Allsopps Picknick in der vierten Staffel. Dieses Rezept erschien ursprünglich im *The Field*, einer bekannten britischen Sportzeitschrift.

3,3 l Wasser

2½ EL Zucker

3 EL gemahlener Ingwer

Schale (abgerieben oder in Streifen abgezogen und grob gehackt) und Saft von ½ Zitrone

1 TL Trockenhefe

1 kleine, dicke Scheibe Hefeweißbrot, getoastet

Wasser und Zucker in einen großen Topf geben und bei starker Hitze einmal aufkochen lassen, dann vom Herd nehmen und auf Zimmertemperatur abkühlen lassen. Ingwer und Zitronenschale dazugeben und umrühren, bis sich der Ingwer aufgelöst hat.

Die Hefe in eine kleine Schüssel geben und unter Rühren gerade so viel Wasser dazugeben, bis eine dicke Paste entsteht. Die Paste auf das getoastete Weißbrot streichen, dieses zusammen mit der Ingwermischung in einen Eimer oder eine große Schüssel geben und das Ganze mit einem Tuch abdecken. Die Mischung 24 Stunden bei Zimmertemperatur ziehen lassen und dann durch ein feines Sieb seihen. Den Eimer oder die Schüssel ausspülen, die abgeseihte Mischung wieder hineingeben, abdecken und bei Zimmertemperatur weitere 4–5 Tage ziehen lassen.

Die Mischung anschließend durch ein mit mehreren Papiertüchern ausgelegtes feines Sieb abseihen und in Flaschen mit Bügelverschluss füllen – diese kann man gut öffnen, um wenn nötig Druck entweichen zu lassen. Das Ginger Beer kann nun sofort getrunken werden.

ANMERKUNG

Dieses Ginger Beer ist eher herb, wenn Sie eine süßere, modernere Variante bevorzugen, können Sie noch einen Löffel Zucker oder Honig dazugeben. Ginger Beer schmeckt lecker auf Eis – für einen tollen Frischekick sorgen frische Minze oder Limette.

VIOLET

Sie sind wirklich bewundernswert, Sie erkennen Verbesserungsmöglichkeiten, wohin Sie auch sehen. Solch ein Reformeifer ist mir ganz neu!

ISOBEL

Das sehe ich als Kompliment an!

VIOLET

Dann habe ich mich falsch ausgedrückt.

– STAFFEL 1, FOLGE 5 –

COLLINSGLAS

IMPROVED GINGER BEER

ERGIBT **2 L**

Diese moderne Variante des Ginger Beers ist einfach zuzubereiten, unglaublich lecker – und der perfekte Ersatz für Ginger Ale. Für eine etwas stärkere Partyvariante zusätzlich 600 ml Ihrer Lieblingsspirituose in den Krug geben und gut umrühren.

FÜR DEN INGWERSIRUP

90 g frischer Ingwer (ein etwa daumengroßes Stück)

200 g Zucker

1 großzügige Prise Salz

FÜR DAS GINGER BEER

1,5 ml Sodawasser, gekühlt

120 ml frisch gepresster Limettensaft

Limettenscheiben, als Garnitur

Für den Ingwersirup den Ingwer in ein feines Sieb geben, auf ein kleines Schraubglas setzen und mit einem kleinen Spatel oder der Hand den Ingwer zerdrücken, um so viel Flüssigkeit wie möglich zu erhalten. Den Ingwersaft abdecken und kaltstellen, den ausgedrückten Ingwer kurz beiseitestellen.

Zucker und 120 ml Wasser in einen kleinen Topf geben und bei mittlerer Hitze unter Rühren erwärmen, bis sich der Zucker aufgelöst hat. Die Hitze reduzieren, Salz und den ausgedrückten Ingwer dazugeben und unter gelegentlichem Umrühren etwa 5 Minuten köcheln lassen. Die Mischung vom Herd nehmen und abgedeckt auf Zimmertemperatur abkühlen lassen.

Den Sirup durch ein feines Sieb in das Glas mit dem Ingwersaft gießen, dabei die Ingwerstücke gut ausdrücken. Das Glas verschließen und gut schütteln. Sie sollten jetzt etwa 240 ml Ingwersirup haben, gut gekühlt hält sich dieser etwa 1 Monat. Für das Ginger Beer Sodawasser, Limettensaft und Ingwersirup in einen Krug geben und gut umrühren. Das fertige Ginger Beer in mit Eiswürfeln gefüllte Collinsgläser geben und als Garnitur je eine Limettenscheiben auf den Glasrand stecken.

BECHERGLAS

BLACK VELVET

ERGIBT **1 COCKTAIL**

Diese ungewöhnliche, aber elegante Kombination von Stout und Schaumwein wurde 1861 im Londoner Brooks's Club als Hommage an den verstorbenen Prince Albert, Königin Viktorias Gemahl, kreiert. Seine tiefschwarze Farbe erinnert an den Trauerflor.

180 ml irisches Stout, gekühlt

180 ml Champagner oder ein anderer Schaumwein, gekühlt

Stout und Champagner in ein gekühltes Becher- oder Weinglas geben und sofort servieren.

— ANMERKUNG —

Für diesen Drink eignet sich ein süßer Schaumwein am besten. Wenn Sie nur trockenen Schaumwein haben, geben Sie bis zu 15 ml Zuckersirup 1:1 (siehe Anmerkung Seite 37) dazu, um die Aromen zu harmonisieren.

COCKTAIL-
SCHALE

ROB ROY

ERGIBT **1 COCKTAIL**

Der Rob Roy, eine Abwandlung des Manhattan (siehe Seite 147), wurde angeblich zum ersten Mal 1894 im New Yorker Waldorf-Astoria Hotel gemixt. Die Inspiration dafür war die Erstaufführung einer Operette über das Leben Rob Roy MacGregors – besser bekannt als schottischer Robin Hood.

60 ml schottischer Blended Whisky

30 ml süßer Wermut

2 Dashes Angostura- oder anderer aromatischer Bitter

2 Kirschen, als Garnitur

Whisky, Wermut und Angosturabitter in ein mit Eis gefülltes Rührglas geben, 20–30 Sekunden rühren, bis das Glas beschlägt, und anschließend in eine gekühlte Cocktailschale oder ein gekühltes Martiniglas seihen. Die Kirschen auf einen Cocktailspieß stecken und als Garnitur ins Glas geben.

— ANMERKUNG —

Floatet (siehe Anmerkung auf Seite 75) man diesen Drink mit einem torfigen Whisky, sorgt das für zusätzliche geschmackliche Komplexität.

BECHERGLAS

BLOODY MARY

ERGIBT **1 COCKTAIL**

Angeblich kreierte der Barkeeper Fernand Petiot diesen Klassiker in den 1920er-Jahren in Harry's New York Bar in Paris, einer amerikanischen Bar, die sich zu jener Zeit im Besitz eines vormals äußerst erfolgreichen amerikanischen Jockeys namens Tod Sloan befand. Es gibt zahlreiche Varianten der klassischen Bloody Mary mit unterschiedlichsten Gewürzen – dieses Rezept ist einfach, aber dafür besonders ausgewogen.

60 ml Wodka

120 ml Tomatensaft

15 ml frisch gepresster Limettensaft

¼ Barlöffel schwarzer Pfeffer

¼ Barlöffel gemahlener Kreuzkümmel

1 großzügige Prise Salz

2 Dashes Worcestersauce

2 Dashes Chilisauce

Limettenspalte, als Garnitur

Selleriestange, als Garnitur

Wodka, Tomaten- sowie Limettensaft, Pfeffer, Kreuzkümmel, Salz sowie Worcester- und Chilisauce in einen mit Eis gefüllten Cocktail-Shaker geben und 8–10 Sekunden kräftig schütteln. Die Bloody Mary mit Eis in ein Becherglas gießen, die Limettenspalte als Garnitur auf den Glasrand stecken und eine Selleriestange ins Glas geben.

ANMERKUNG

Wenn Sie Gäste erwarten, können Sie Bloody Marys im Vorhinein zubereiten: Einfach alle Zutaten außer Limettensaft und Eis verrühren und in einem luftdicht verschlossenen Behälter kaltstellen. Am nächsten Tag den Limettensaft dazugeben und die Bloody Marys auf Eis servieren. Beim Gemüse nicht sparen: Es ist perfekt, wenn man nach einer Nacht nicht nur etwas gegen den Kater, sondern auch etwas im Magen braucht.

WEINGLAS

STOUT SANGAREE

ERGIBT 1 COCKTAIL

Dieser wärmende Drink ist perfekt für einen gemütlichen Abend vor dem Kamin. Sangarees sind Mixgetränke aus Wein, einer Spirituose oder Bier und etwas Süße. Bei dieser Variante sorgt der Ruby-Portwein für die Süße – und eine herrliche Leichtigkeit. Sangarees (die mit dem berühmten Sangria verwandt sind) können auf Eis, neat (bei Zimmertemperatur) oder straight-up, also ohne Eis in einem gekühlten Wein- oder Bierglas, serviert werden.

300 ml Stout
90 ml Ruby-Portwein
gemahlene oder frisch geriebene Muskatnuss, als Garnitur

Stout und Portwein in ein großes Weinglas geben und mit etwas Muskat bestreuen.

– ANMERKUNG –

Falls man diesen Drink für die Herrschaften im eleganten Salon zubereiten würde, würde man statt Ruby-Portwein Tawny-Portwein verwenden. Dieser ist länger gereift, wodurch er oxidiert und einen komplexeren Geschmack erhält. Außerdem würde man dann auch etwas weniger Stout verwenden, um den Geschmack des Portweins hervorzuheben.

COLLINSGLAS

ORANGEADE

ERGIBT **180 ML**

Dieser Orangensirup ist perfekt für gemixte Cocktails, schmeckt aber auch mit Sodawasser zu einer erfrischenden Limonade aufgegossen (siehe Anmerkung unten). Die Zubereitung erfolgt nach einer alten englischen Methode, bei der Zucker dafür sorgt, dass die Öle und die wunderbaren Aromen aus der Zitrusschale freigesetzt werden – man nennt die Zucker-Zitronenschalen-Mischung daher auch *Oleo Saccharum* (Ölzucker).

1 Orange

50 g Zucker

120 ml frisch gepresster Orangensaft, abgeseiht

60 ml frisch gepresster Zitronensaft, abgeseiht

½ Barlöffel Orangenblütenwasser

Mit einem Gemüseschäler die Schale von der Orange in dicken Streifen abziehen und zusammen mit dem Zucker in ein Schraubglas geben. Mit einem Stößel aus Holz oder einem Holzlöffel die Orangenschale und den Zucker zerdrücken, dann das Glas verschließen und die Mischung bei Zimmertemperatur mindestens 24 Stunden ziehen lassen, bis der Zucker sehr feucht ist. Die Mischung durch ein feines Sieb geben und die Schalenstücke gut ausdrücken, um so viel Flüssigkeit wie möglich zu erhalten.

Orangen- und Zitronensaft sowie Orangenblütenwasser zum Oleo Saccharum geben und gut verrühren. Der Sirup schmeckt frisch am besten – hält sich aber luftdicht verschlossen im Kühlschrank bis zu 5 Tage.

— ANMERKUNG —

Für eine spritzige Orangenlimonade 60 ml Orangeade in ein mit Eis gefülltes Collinsglas geben, mit 180 ml Sodawasser aufgießen und kurz umrühren.

COCKTAIL-
SCHALE

BOBBY BURNS

ERGIBT **1 COCKTAIL**

Der Bobby Burns ist eine einfache Abwandlung des Rob Roy (siehe Seite 137) – aromatisiert mit etwas Bénédictine. Dieser Kräuterlikör wurde in England nach dem Ersten Weltkrieg vor allem in der Gegend um Burnley beliebt, wo invalide Soldaten des East Lancashire Regiment, die in einer zu einem Lazarett umfunktionierten Bénédictine-Destillerie untergebracht waren, eine Schwäche für ihn entwickelten.

60 ml schottischer Blended Whisky

30 ml süßer Wermut

2 Dashes Angostura- oder anderer aromatischer Bitter

1 Barlöffel Bénédictine, oder ½ Barlöffel Absinth

2 Kirschen, als Garnitur

Whisky, Wermut, Angosturabitter und Bénédictine in ein mit Eis gefülltes Rührglas geben, 20–30 Sekunden rühren, bis das Glas beschlägt, und anschließend in eine gekühlte Cocktailschale oder ein gekühltes Martiniglas seihen. Die Kirschen auf einen Cocktailspieß stecken und als Garnitur ins Glas geben.

— ANMERKUNG —

Von diesem Drink gibt es zwei Varianten, eine aus dem *Savoy Cocktail Book* mit Bénédictine und eine, die im Waldorf-Astoria gemixt wurde, mit ½ Barlöffel Absinth. Der geschmackliche Unterschied ist zwar subtil, aber doch deutlich. Der Absinth macht den Bobby Burns hell und leicht, die Version mit Bénédictine ist schokoladiger und fruchtig.

KUPFERBECHER

TOM AND JERRY

FÜR 24 PERSONEN

Dieses besonders im frühen 19. Jahrhundert beliebte Eggnog-ähnliche Heißgetränk wärmt an kalten Wintertagen. Traditionell wird es in einer speziellen Tom-and-Jerry-Schüssel und dazugehörigen Tassen serviert, aber im Grunde eignet sich auch jede andere große Schüssel sowie Kupferbecher, Punchgläser oder Tassen. Das Eiweiß muss hierbei nicht ganz steif geschlagen werden – aber genug für viel luftig-leichtes Volumen.

12 Eier, getrennt
300 g Zucker
1 TL Backpulver
480 ml dunkler Rum
480 ml Weinbrand
2,1 l Milch, erhitzt
gemahlene oder frisch geriebene Muskatnuss, als Garnitur

Eigelbe, 250 g Zucker und Backpulver in eine große Schüssel geben und schaumig rühren.

Die Eiweiße in eine große Schüssel geben und mit dem Handrührgerät auf mittlerer Stufe kurz aufschlagen, dann den restlichen Zucker (50 g) darüberstreuen, auf höchste Stufe schalten und die Mischung halbsteif schlagen. Den Eischnee mit einem Spatel unter die Eigelb-Zucker-Mischung heben.

Unter ständigem Rühren nach und nach Rum und Weinbrand dazugeben.

Die Mischung auf 24 etwa 180 ml fassende Kupferbecher, Punschgläser oder Tassen verteilen und je etwa 80 ml heiße Milch dazugeben (nur hineingießen, nicht umrühren!). Zum Schluss über jeden Drink etwas Muskat streuen.

ANMERKUNG

Man kann die Eigelb-Zucker-Eischnee-Mischung auch im Voraus zubereiten. Zum Servieren dann einfach einen großzügigen Löffel der Mischung und je 20 ml Rum und Weinbrand in einen Becher geben und mit heißer Milch aufgießen.

OLD-FASHIONED-GLAS

OLD FASHIONED

ERGIBT **1 COCKTAIL**

Wenn es einen Cocktail gibt, der wie gemacht für den Earl und die Countess of Grantham ist, dann ist es ganz eindeutig der Old Fashioned. Hierbei handelt es sich im Grunde um eine Weiterentwicklung des Sling, eines der ältesten Cocktails überhaupt, der nur eine Spirituose, Wasser und Zucker enthält. Für einen Old Fashioned gibt man einfach noch ein, zwei Spritzer Bitter dazu. Im 19. Jahrhundert nannte man den Old Fashioned daher auch Bittered Sling – seinen jetzigen Namen erhielt er später, als er als nicht mehr ganz so modern galt (»old-fashioned« heißt auf Deutsch schlicht »altmodisch«!).

1 Zuckerwürfel, ¾ Barlöffel Zucker oder 1 Barlöffel Gomme-Sirup

2 Dashes Bitter (meist Angosturabitter)

1 großer Eiswürfel

60 ml Whiskey

Zitronentwist, als Garnitur

Den Zucker in ein Old-Fashioned-Glas geben, dann den Angosturabitter und etwas Wasser dazugeben, bis der Zucker gut befeuchtet ist. Den Zucker mit einem Stößel zermahlen, bis er sich aufgelöst hat. Den Eiswürfel und den Whiskey dazugeben und mit einem Barlöffel kurz umrühren. Den Zitronentwist über dem Drink zerdrehen und dann als Garnitur ins Glas geben.

— ANMERKUNG —

Dieses Rezept funktioniert mit so gut wie jeder ungesüßten Spirituose, jeder Art von Süßungsmittel und jedem Bitter – die perfekte Gelegenheit, etwas herumzuexperimentieren, bis Sie Ihren Favoriten gefunden haben!

MARTINIGLAS

MANHATTAN

ERGIBT **1 COCKTAIL**

Der Ursprung des Manhattan ist umstritten, er muss aber irgendwann in den 1860er-Jahren entstanden sein. In der 1887 erschienenen Ausgabe des *Bar-Tenders Guide* von Jerry Thomas ist er auf jeden Fall enthalten – verfeinert mit Likör (der Autor empfiehlt Curaçao oder Maraschino!).

60 ml Rye Whiskey oder kanadischer Whisky mit hohem Roggengehalt

30 ml süßer Wermut

2 Dashes Angosturabitter

2 Kirschen, als Garnitur

Whiskey, Wermut und Angosturabitter in ein mit Eis gefülltes Rührglas geben, 20–30 Sekunden rühren, bis das Glas beschlägt, und anschließend in ein gekühltes Martiniglas oder eine gekühlte Cocktailschale seihen. Die Kirschen auf einen Cocktailspieß stecken und als Garnitur ins Glas geben.

– ANMERKUNG –

Dieser traditionell mit Rye Whiskey zubereitete Drink ist die Grundlage für zahlreiche andere Cocktails wie etwa den Boothby (siehe Seite 96), den Rob Roy (siehe Seite 137) und den Bobby Burns (siehe Seite 143).

MARTINIGLAS

DRY MARTINI

ERGIBT **1 COCKTAIL**

Dieser Klassiker, der aus zwei Teilen Gin und einem Teil trockenem Wermut besteht, ist wahrscheinlich der berühmteste aller Drinks und nicht nur elegant, sondern auch äußerst raffiniert im Geschmack. Die wichtigste Komponente ist dabei der Wermut: Damit der Martini die richtige seidige Konsistenz bekommt, nur hochwertigen Wermut verwenden und diesen immer gut gekühlt im Kühlschrank aufbewahren.

60 ml Gin
30 ml trockener Wermut
grüne Oliven oder Zitronentwist, als Garnitur

Gin und Wermut in ein mit Eis gefülltes Rührglas geben, 20–30 Sekunden rühren, bis das Glas beschlägt, und anschließend in ein gekühltes Martiniglas oder eine gekühlte Cocktailschale seihen. Die Oliven nach Belieben auf einen Cocktailspieß gesteckt oder einfach so ins Glas geben. Alternativ einen Zitronentwist über dem Drink zerdrehen und dann als Garnitur ins Glas geben.

— ANMERKUNG —

Für eine zitronig-erfrischende Martini-Variante 15 ml süßen weißen Wermut zusammen mit dem trockenen Wermut dazugeben.

COLLINSGLAS

TOM COLLINS

ERGIBT **1 COCKTAIL**

Man nimmt an, dass es sich bei diesem Drink zu Beginn um eine Variante des John Collins (siehe Seite 62) mit Old Tom Gin anstatt Genever handelt. Das macht Sinn, da Genever mit Malzwein gesüßt ist und der Old Tom Gin eine etwas süßere Gin-Sorte ist. Hier bleiben wir allerdings bei der modernen Interpretation mit London Dry Gin und etwas Zuckersirup.

60 ml London Dry Gin

15 ml frisch gepresster Zitronensaft

15 ml Zuckersirup 1:1 (siehe Anmerkung auf Seite 37)

150–180 ml Sodawasser

Zitronenspalte, als Garnitur

Gin, Zitronensaft und Zuckersirup in einen Cocktail-Shaker geben, mit Eiswürfeln auffüllen, 8–10 Sekunden kräftig schütteln und anschließend in ein mit Eiswürfeln gefülltes Collinsglas seihen. Mit Sodawasser aufgießen, kurz umrühren und die Zitronenspalte als Garnitur auf den Glasrand stecken.

— ANMERKUNG —

Natürlich können Sie auch das Original mit dem süßeren Old Tom Gin zubereiten. Je nachdem, wie süß dieser ist, sollten Sie dann allerdings weniger Zuckersirup dazugeben oder diesen ganz weglassen.

KUPFERBECHER

HOT BUTTERED RUM

ERGIBT **1 COCKTAIL**

Dieses süße, würzige Heißgetränk, das auch Hot Toddy genannt wird, hat seinen Ursprung im kolonialen Amerika, als Destillerien in den 1650er-Jahren in Neuengland aus Jamaika importierte Melasse zu Rum verarbeiteten – das heiße Mixgetränk aus der lokalen Spirituose und Butter war perfekt gegen den bitterkalten Nordwestwind. Die Butter auf keinen Fall unterrühren, sie sollte langsam auf dem heißen Drink schmelzen!

60 ml dunkler Rum

15 ml Zuckersirup 1:1 (siehe Anmerkung auf Seite 37)

3 ganze Gewürznelken

1 Zimtstange, etwa 7,5 cm lang

1 Barlöffel Butter oder gesalzene Butter (siehe Anmerkung)

gemahlene oder frisch geriebene Muskatnuss, als Garnitur

Rum und Zuckersirup in einen Kupferbecher oder ein Irish-Coffee-Glas geben. Die Gewürznelken und die Zimtstange dazugeben, mit 120–160 ml heißem Wasser aufgießen und die Butter vorsichtig daraufsetzen – sodass sie langsam schmilzt. Den fertigen Drink schließlich mit etwas Muskat bestreuen.

– ANMERKUNG –

Früher hätte man gesalzene Butter verwendet, die den Geschmack der Gewürze und des Rums unterstreicht – das können Sie natürlich auch tun!

ANMERKUNG

Am besten verwendet man säuerliche Kochäpfel mit festem Fruchtfleisch wie Granny Smith, Gravenstein oder Jonathan, die im Becher nicht zerfallen – so kann man zum Schluss das köstliche Apfelstück naschen.

KUPFERBECHER

APPLE HOT TODDY

ERGIBT **1 COCKTAIL**

Der Apple Hot Toddy ist wahrscheinlich einer der ältesten Cocktail-Vorgänger. Bei dieser modernen Variante kommt der Apfel im Stück in den Drink, sodass der Geschmack des Weinbrands im Mittelpunkt steht – bei der traditionellen Variante wurde das Apfelstück im Glas mit der Schale (in ihr steckt besonders viel Geschmack!) zerstoßen.

3 Barlöffel (15 g) Zucker

60 ml Calvados oder anderer Apfelweinbrand

¼ Bratapfel

gemahlene oder frisch geriebene Muskatnuss, als Garnitur

Zucker und etwas heißes Wasser in einen großen hitzebeständigen Kupferbecher geben und umrühren, bis sich der Zucker aufgelöst hat. Den Weinbrand dazugeben, dann mit heißem Wasser aufgießen, bis der Becher voll ist, und gut umrühren. Das Apfelstück in den Becher geben und etwas Muskat darüberreiben.

REGISTER

ROSE

Ich liebe Cocktailpartys.

CORA

Ja, ich auch. Man braucht bloß 40 Minuten zu bleiben, anstatt sieben Gänge lang zwischen einem tauben Landbesitzer und einem noch tauberen Major General zu sitzen.

– STAFFEL 5, FOLGE 5 –

Drinks Photographer: John Kernick
Food Stylist: Cyd Raftus McDowell
Prop Stylist: Suzie Myers

3. Auflage, 2021

Projektleitung Verlag: Constanze Holler
Herstellung: Andrea Cobré
Produktionsbetreuung: Print Company Verlagsges.m.b.H., Wien
Übersetzung: Daniela Schmid
Lektorat: Bettina Dietrich

Printed in China

ISBN 978-3-7913-8640-9

www.prestel.de

GESCHRIEBEN VON **LOU BUSTAMANTE**

DANKSAGUNG VON WELDON OWEN

Julian Fellowes, Rizwan Alvi, Lisa Atwood, Debbie Berne, Lesley Bruynesteyn, Peggy Fallon, Annie Gray, Rishon Hanners, Rae Hellard, Rachel Markowitz, Joan Olson, Elizabeth Parson, Nico Sherman, Sharon Silva, Josh Simons, Angela Williams und Tammy White

CARNIVAL FILMS Gareth Neame und Aliboo Bradbury, Charlotte Fay und Nion Hazell
NBCUNIVERSAL Dominic Burns
PETERS FRASER + DUNLOP Annabel Merullo, Laura McNeill und Tim Bates
CUMBRIA CRYSTAL Chris Blade, Beverley Frankland, Carole Garnett und Craig Hill
IMAGINE EXHIBITIONS Jay Hering, Jeffrey Millar, Whitney Sinkule und Vince Quarta
HARROGATE TIPPLE Steven Green